中公文庫

パリ・世紀末パノラマ館

エッフェル塔からチョコレートまで

鹿島　茂

中央公論新社

目次

第1章　世紀末パノラマ館

第2章　橋上のユートピア

第3章　失われたパリを求めて

第4章　快楽の共産主義

パリ・世紀末パノラマ館

エッフェル塔からチョコレートまで

第1章　世紀末パノラマ館

プロローグ　未来予測よりノスタルジー

一九九六年。二十世紀もいよいよファイナル・カウント・ダウンの態勢に入ってきたが、世紀末をうんぬんする前に、ひとまず二十世紀は「実質的に」何年に終わり、二十一世紀が始まるのは何年かという予想をたててみたい。というのも、キリスト暦を採用しているヨーロッパではここ数世紀にわたって、世紀の切り替わりは十五年ほどずれこむのが慣例になっているからである。

たとえば一七一五年、この年、フランスのルイ十四世が崩御し、世紀は「理性・バロック」の十七世紀から「啓蒙・ロココ」の十八世紀に変わっていく。また一八一五年にはナポレオンがワーテルローの戦いで敗北し「進歩・ロマン主義」の十九世紀が始まる。さらに一九一四年には第一次世界大戦が勃発し「大衆・機能主義」の二十世紀の幕が切って落とされるという具合である。

これは、おそらく、百年単位で意識を切り替える思考法になれているヨーロッパの人間たちでも、ひとつの世紀に対して総括を出すのに世紀末の十五年を要するばかりか、そこから新しい世紀を生み出す準備にまた十五年を必要とするということを意味するのではな

1900年のパリ万博会場

いだろうか。

一例として十九世紀のフランスを取り上げると、世紀末は一八八四年のユイスマンスの小説『さかしま』あたりから始まって、一九〇〇年のパリ万国博覧会で終わり、そのあと、十九世紀の余光としてのベル・エポックが十四年続いたということになる。ひるがえって二十世紀を見れば、世紀末は一九八五年のゴルバチョフ登場によって開始され現在も世紀の総括が進行中である。おそらく二十一世紀に入ってもなおしばらくは二十世紀の影響が残るだろう。そして二〇一五年ごろに、世界を大きく揺るがす事件が起こり、まったく新しい時代が始まるという経緯をたどるにちがいない。

と、まあ、いかにももっともらしい予言をしてみせたが、当然、こんな未来予測にはなんの根拠もないから安心していただきたい。「世紀十五年ずれこみ説」をまくらに振ったのも、じつはといえば、この本で十九世紀末からベル・エポックにかけてのさまざまなアイテムをパノラマ風に取り上げていくのに、一九〇〇年を挟んで十五年ずつ三十年間のスパンを取ると、話がしやすくなると一言いいたかっただけのことなのである。

未来予測などよりも、手放しのノスタルジー。十九世紀愛好家としては、やはり、これでいくことにしたい。

1　パリ万博　ごてごてのメルヘン趣味

一九〇〇年一月一日、明け方、雨模様のパリの空に二度、三度閃光が走り、雷鳴がとどろいた。半年前から、一九〇〇年は十九世紀か二十世紀かという議論が交わされていたが、結局、当局の公式発表「十九世紀は一九〇〇年十二月三十一日に終わり、二十世紀は一九〇一年一月一日に始まる」でケリがついた。したがって、この年にパリで開かれる万国博覧会は、文字通り十九世紀の総決算ということになった。

実際、一九〇〇年のパリ万博は、二十世紀の到来を暗示するようなモダンな要素は皆無で、幕をとじる十九世紀に対する壮大な挽歌の趣を呈していた。

たとえば、この万博で支配的だったのは、実際にはアール・ヌーヴォーではなく、クレーム・シャンティイー（ホイップ・クリーム）様式と呼ばれる、妙にゴテゴテした装飾華美のネオ・ロココ・スタイルで、これが、入場門やアンヴァリッド広場、シャトー・ドーの噴水といった主だった場所の建物を飾っていた。

まるでお菓子の国にでも迷いこんだようなこの過剰なメルヘン趣味に比べたら、ガルニエの設計した第二帝政様式のオペラ座でさえ洗練した感じがするほどだった。そこには、機能美などといった二十世紀的な思考はみじんも見られず、およそ考えつく限りの装飾を所狭しとばかりに並べるというブルジョワ的感性の極致がこれでもかという具合に開陳されていた。

なかでも、悪趣味の傑作は、正門の上に置かれた「パリの女神像」で、この下を通るときには、いかに趣味の悪いブルジョワでも気恥ずかしさを感じたといわれる。

ではなぜ、こうした装飾過剰のネオ・ロココ・スタイルが、二十世紀の趨勢《すうせい》を占う万博パビリオンの基調になっていたのだろうか。

それは、おそらく、鉄骨をむき出しのまま使うことを許さなかった十九世紀の建築美学が、建築家の美意識を呪縛《じゅばく》し、関心を外側の装飾だけに押しとどめていたためだろう。だれ一人として簡潔さの美学に心ひかれる者はなく、デザインも曲線が幅をきかせていた。鋼鉄の機械が次々に登場しても、その素材や機能が生み出す要因が美学を規定するとは考えられていなかった。要するに人々はこれまでのバロック的な思考法の延長でしか未来というものを予測していなかったのである。

だが、むしろ、それゆえにこそ、一九〇〇年のパリ万博は、われわれにとって、失われた時代への哀惜をかきたててやまない過去の記憶の宝庫となったのである。

1900年、パリ万博会場の正門

2 電気照明 正反対の感受性

一九〇〇年のパリ万博は、様式やスタイルの面ではたしかに十九世紀の総括といった感が強かったが、テクノロジーの面ではもちろん二十世紀の幕開けを告げる多くの要素を含んでいた。なかでも、ユートピア社会をもたらすものとして期待がかけられていたのが電気である。

電気が工業的に無限の可能性を秘めていることは十九世紀の初頭には証明され、金属工業などでは早くから実用に供されていたが、意外なことに「電気を光に変える技術」すなわち照明に関しての進歩はきわめて遅く、ようやくこの万博で新照明のエースとして登場してきたにすぎなかった。

電気照明の先駆けとなったものとしてはイギリスのデイビーが一八一二年に発明したアーク灯がある。このアーク灯は二本の炭素棒電極が放電で白熱する現象を応用したものだが、実用にいたるまで驚くほど時間がかかった。

その理由は、アーク灯が基本的にロウソクと同じように「燃え尽きて」しまうものだったことにある。つまり、あまりに早く燃焼するアーク灯は一種の巨大な花火のようなもの

コンコルド広場で行われたパリでの初めての電気照明（1844年）

で、特別な祭典のような野外ページェントにしか用いられなかった。また改良が施され燃焼時間が延びてからもアーク灯は明るすぎ、またまぶしすぎたので、照明として使えるのは広場や工事現場などの広大な空間に限られていた。シヴェルブシュのいうように、アーク灯は光を「分割」できないがゆえに、光量を調節できるガス灯に取って代わることはできなかったのである。

従って、エジソンが世紀末に白熱電球を発明したとき、そのライバルと目されたのはガス灯だった。すなわち、エジソンはガス灯と同じように「穏やかでまぶしくない光」を白熱電球のキャッチフレーズにしたのである。

これは、ガス灯もアーク灯も行き渡らないうちにいきなり白熱電球の時代になった日本の照明文化からすると、いかにも不思議な気がする。なぜなら、日本においては、白熱電球はそれまでのオイルランプに比べて「はるかに明るい」ことが最大の長所とされていたからである。

このように、欧米と日本では、同じ白熱電球の導入が、先行する照明つまりアーク灯とガス灯が存在していたか否かによって、正反対の感受性を生み出してしまったわけだが、もしかすると「明るければそれでよい」とする今日の日本の照明文化は、そのときの感受性の違いをそのまま引きずっているのかもしれない。

3 地下鉄　健康・景観・都市交通の調和

一九〇〇年には、万博の開催にあわせて、いくつかのパリ新名所が誕生した。ヴァンセンヌとポルト・マイヨーの間に開通したメトロもそのひとつに数えられるだろう。

現在、メトロという言葉は地下鉄の普通名詞になっているが、もとはといえば chemin de fer métropolitain（首都鉄道）の省略形である。そして、「地下」という形容がないことからもわかるように、第二帝政期に初めて立案されたときには、この首都鉄道は、地下鉄ではなく、高架鉄道の形を取るはずだった。というのも、ロンドンのように地下に蒸気機関車を走らせる（一八六三年開通）のは、乗客の健康を害する原因になると反対が強かったからである。

初期のプランには、立ち並んだ建物の三階に穴をうがってここに鉄道を通すとか、屋上に汽車を走らせるとかのとっぴなアイディアもあった。

なかでひとつ真剣に検討されたのが、セーヌ川の真ん中に鉄骨の橋桁《はしげた》を組んで、この上に高架鉄道を通すというプランだった。もしこれが実現していたらセーヌの景観がだいなしになっていたことはまちがいない。美意識の塊のようなパリジャンにしては、また随分と散文的なアイディアを出したものだと噴き出したくなるが、翻って東京のことを考えると、神田川や日本橋の上に「現実に」高速道路を通してしまったのだから、この笑いもとたんにひきつらざるをえない。

それはさておき、こうしたパリの首都鉄道建設はいったんはエッフェル塔の建設者ギュスターヴ・エッフェルの提出したブールヴァール（大通り）の上に高架鉄道を走らせるというプランに落ち着きかけたが、財政難でこの計画も宙に浮き、また地下鉄建設も時期尚早と見送られてしまう。

その結果、地下鉄ではパリはロンドンはおろかブダペストにまで先を越されることになる。しかし、その間に電車の地下鉄が発明され、健康も景観も損ねない都市交通として称賛されるようになったのだから、なにが幸いするかわからない。

なお、パリのメトロの建設責任者はフュルジャンス・ビヤンヴニュという人物で、今日、地下鉄のモンパルナス駅（モンパルナス＝ビヤンヴニュ）にその名が残っている。ビヤンヴニュは英語ならウェルカムという意味なので「モンパルナスへようこそ」とはまたやけに愛想のいい駅名だと感動する人もいるようだが、こうした麗しい誤解なら、むしろそのままにしておいたほうがいいのかもしれない。

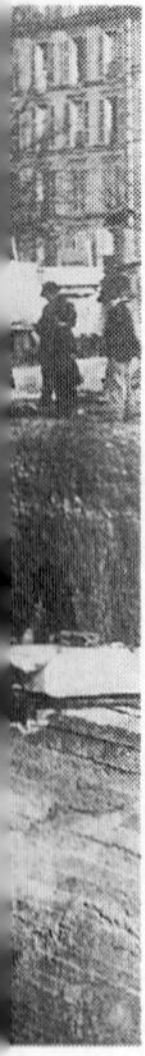

パリで最初の地下鉄工事の様子

4 アール・ヌーヴォー　初めの反応は侮蔑的

メトロが一九〇〇年に開通したとき、入口を飾ったのはエクトール・ギマール作の鋳鉄のオブジェだった。

ギマールは今日、アール・ヌーヴォーの代表的建築家として評価されているが、二十年ほど前に再評価が始まる前は、このメトロの入口は時代遅れの遺物としてほとんどが取り壊され、パリに数個所残されているにすぎなかった。

私が初めてパリに行ったときにはメトロの入口は戦後の散文的なスタイルに変わっていて、この黄緑色の不思議な建造物に出合うことができたのは、十六区の高級住宅街のメトロの駅だけだったと記憶している。この界隈はギマール作のカステル・ベランジェなどの邸宅が残っているので、特別の配慮で保存されていたのかもしれない。

ところが最近、国際的にアール・ヌーヴォーの見直し機運が高まり、このギマールのレプリカがふたたびメトロの入口を飾るようになった。

この例ひとつをとってもわかるように、アール・ヌーヴォーに対するフランスでの評価はあまり高いとはいえなかった。その証拠に、フランス語にはこの「アール・ヌーヴォー」

パリのメトロの入口（1902年）

という言葉自体がなかったのである。ちなみに手元にある一九六〇年刊の『グラン・ラルース』には、アール・ヌーヴォーという言葉はどこにも採用されていない。

ではフランスではこの様式はなんと呼ばれていたかというと、「モダン・スタイル」という呼称が用いられていた。そしてこの「モダン・スタイル」という呼び名には、それが英語であることからも明らかなように、新奇な様式に対する軽蔑的なニュアンスが込められていたのである。

それを端的に示すのが、この様式の別名「スティル・ヌーユ」である。直訳すれば「うどん・スタイル」となる。「ヌーユ」というフランスめんを「うどん」と同一のものと見なすのは危険だが、ギマール特有のくねくねと曲がりくねった曲線からめん類を連想したという点では、この「うどん・スタイル」という呼び名はむしろ正直な呼び名といってもい。だが当時のフランス人が正直に「うどん」を連想したということは、彼らの反応が侮蔑的だったということにほかならない。

今日いかにもフランス的だと思われているこの様式は、初めは極めて異国的なものとして感じられていたのだ。「うどん・スタイル」が「アール・ヌーヴォー」に変わるには次の世紀末まで待たなければならなかったのである。

5　オルセー美術館　今日の悪趣味は一転……

あんな悪趣味でグロテスクな過去の遺物は恥さらしだから早く壊してしまえと言われていたものが、時代が一回りするうちにレトロの対象になってかろうじて破壊を免れているかと思ったら、今度は一転して、過去の一時代を代表する貴重な記念建築物となるということはままある。いまパリ観光の最大の目玉のひとつとなりつつあるオルセー美術館などは、まさにこうした過程をたどってよみがえった歴史的建造物の典型だろう。ご存じのように、オルセー美術館は、使用されなくなったオルセー駅を美術館に転用したものだが、このオルセー駅自体もなかなかに数奇な運命をたどっている。

オルセー駅は、オルレアン鉄道が一九〇〇年の万博にあわせて開設したものである。当時は、まだフランス国鉄はなく、パリの鉄道駅はすべて、各私鉄のターミナル駅であったが、オルレアン鉄道のターミナルは交通の便の悪いオステルリッツ駅にあったので、パリ・コミューンで焼失した会計監査院の跡地にターミナルを移すことにした。ところが、ルーヴル宮やコンコルド広場の近くに散文的な鉄道駅を建設するとはなにごとかという非難の声が上がったので、オルレアン鉄道は、鉄骨の駅全体を、ルーヴルに遜色ない伝統的な石造建築で覆い隠すことにした。その結果、時代の趨勢とは逆行する十九世紀的な重厚美学の最後の傑作が奇しくも十九世紀最後の年にヴィクトール・ラルーによって生み出されることとなった。

ところが二十世紀に入って、メトロが発達しモダニズムの時代を迎えると、この時代錯誤的な美学の駅は悪趣味な無用の長物として人々の嘲笑の的となり、またそれがパリの中心にあったことが災いして、オルレアン鉄道が三八年に国鉄に統合されたあとは、ほとんど廃駅同然となってしまった。六一年には建て替えが決まり、ル・コルビジェなどによる新駅のコンペティションまで行われた。

だが、オルセー駅は生き延びた。責任者の交代で取り壊しの決定がもたついている間に時代の空気が再び変わり、七三年、ついに十九世紀美術館として劇的な再生をとげることが決定されたのである。

私が改修前に見たときには、大時計が修復されずに四十年前に歩みを止めたままになっているのが妙に印象的だった。

過去を重んじるフランスでさえこういうことが起きるのである。今日の悪趣味は明日の歴史記念物。破壊には常に慎重でありたいものである。

オルセー美術館

6 PLM鉄道 地中海へのあこがれ

オルセー駅が開通した一九〇〇年には、もうひとつの鉄道駅が改装なって万博の見物客の前にお目見えする予定だったが、工事が間に合わず完成は一九〇一年にずれこんでしまった。リヨン駅である。

リヨン鉄道の終着駅として一八四八年に営業が開始されたリヨン駅は、一八五七年にパリ—リヨン線がリヨン—地中海線と合併され、パリ—リヨン—地中海（メディテラネ）鉄道、頭文字を取ってPLM鉄道となって以来、地中海方面への玄関口としてにわかに脚光を浴びるようになる。

というのも、当時、社会の重大な脅威とされていた結核を防ぐには、太陽の降り注ぐ地中海沿岸に転地するのがなによりの治療法と主張されていたからである。

モーパッサンの『初雪』は、ノルマンディーの城館に嫁いだパリジェンヌが城の寒さに耐えきれず病に倒れ、最後にようやく暖かいカンヌに転地ができたのを喜びながら息を引き取るという悲しい短編だが、これは、十九世紀の後半に、鉄道の開通によって、フランスの北部に住む人々が地中海に対して大きなあこがれをもつようになった事実を雄弁に物

CHEMINS DE FER ·P·L·M·
Auvergne
VICHY
ROYAT PRÈS CLERMONT-Fᴰ
CHÂTEL-GUYON PRÈS RIOM
DE PARIS A
VICHY en 6.H ½
CLERMONT-Fᴰ (ROYAT) en 7.H ½
DÉPARTS DE PARIS
8H 35 matin
10H 05 soir
ARRIVÉES A VICHY
3H 25 soir
5H 50 matin
DÉPARTS DE PARIS
8H 35 matin
8H 50 matin
8H 05 soir
10H 05 soir
ARRIVÉES A CLERMONT-Fᴰ (ROYAT)
4H 09 soir
6H 06 soir
4H 29 matin
6H 36 matin
DEMANDER LE PROSPECTUS DÉTAILLÉ DANS LES PRINCIPALES GARES DU RÉSEAU

ＰＬＭ鉄道のポスター

語っている。

　こうした地中海や海水浴に対する夢想をかき立てたもののひとつに、世紀末に登場した多色刷りの鉄道ポスターがある。パリ中の壁に張り出された明るくブルーに輝く地中海のポスターは、陰鬱な冬の雲の下で暮らすパリジャンにとっては、手の届く楽園の出現を知らせる福音のように感じられたことだろう。

　光り輝く地中海のイメージは、改装なったリヨン駅の構内に設けられた食堂の天井壁画によってさらに増幅されることとなる。すなわち、オペラ座とよく似たネオ・バロックの装飾に飾られたこの構内食堂は、一九〇〇年のパリ万博の光景に始まって、リヨン、マルセーユ、アルプス、南仏、アルジェリア、チュニジアなどの自然景観を次々に描き出したアカデミー派のパノラマ風壁画に覆われ、そこに一歩足を踏み入れた旅行者の旅情をかき立てずにはおかないような仕組みになっている。

　この食堂は、現在も「トラン・ブルー（ブルー・トレイン）」という名前で営業している。値段は高級レストラン並みに高いが、コーヒータイムに入れば数百円で一九〇〇年のベル・エポック風スタイルの地中海パノラマを満喫することができる。もちろん旅情に誘われて実際に地中海に旅立つのもいいだろう。いずれにしろ、ぜひ一度お試しあれ。

7　鉄道と読書　密室に長くいる方法

鉄道の発達はさまざまな面で人間の生活に変化をもたらしたが、意外にわれわれの視野から抜け落ちているもののひとつに「読書」がある。

読書が特権階級の専有物でなくなり、中産階級にも親しまれるようになるには、もちろん教育の普及という前提が必要だが、シヴェルブシュによれば、それが習慣行動として生活に組み入れられるには、鉄道による旅行形態の変化を待たなければならなかったという。

十九世紀の人々が初めて鉄道に乗ったとき、一番面食らったのは、車窓の風景から前景が失われたことだった。つまり、これまで慣れていた馬車に比べて、鉄道はあまりに速いので、旅人は、もはや目で景色、とりわけ前景を追うことができなくなったと感じたのである。今日の感覚からすると、鉄道の速度などたいしたことはないように思われるが、十九世紀には、われわれが初めて飛行機に乗ったときに感じる以上の隔絶したスピードと感じられたにちがいない。

ところで、当時、下層階級の乗る三等車は別にして、一、二等車には、各々のコンパートメント（定員三人および六人）をつなげる縦の廊下がついておらず、ドアはそれぞれ外側から鍵をかける構造になっていた。そのためいったん列車が走りだすと、乗客は次の駅まで景色を眺めることもできずに長時間コンパートメントに閉じ込められることになった。一緒に旅行する者がいる場合はまだしも、そうでない場合、これは悲劇だった。もちろん思わぬきっかけで会話が始まることもあったが、それも相手によりけりである。コンパートメント殺人の恐怖は常に鉄道旅行につきまとった。

そこで生まれたのが、読書である。密室空間に長時間幽閉される旅行者にとって、これだけが、会話をせずに未知の乗客と一緒にいるのを可能にする方法だった。幸い、馬車に比べて、鉄道ははるかに揺れがすくなくなっていたので、読書は十分可能だった。

だがどんな本を読んだらいいのか。当然、気軽に読めて時間を忘れることのできる小説本、それも重たい装丁本でないものがいい。

こうして鉄道の各駅には、「鉄道双書」と名付けられた廉価本を売るアシェット書店が生まれ、中産階級もようやく読書の習慣というものを身につけることができるようになった。小説が飛躍的に部数を伸ばし、小説家という職業が成立したのもすべてはこの「鉄道双書」のおかげだったといってもけっしていいすぎではないのである。

鉄道の客車

8　ヴィシー　皇帝ゆかりの湯治場

十九世紀の後半、とりわけ第二帝政下に、フランスの鉄道は急激に路線を拡大していったが、その行き先を調べてみると、意外な事実が浮かびあがってくる。港や商工業の中心地と並んで、保養地、とりわけ湯治場が多いのである。中央山地の有名な保養地ヴィシーはその典型である。

ヴィシーがその温泉によって知られるようになったのはひじょうに古く、ローマ時代にさかのぼる。しかし、キリスト教の支配する中世になると、入浴の習慣が異教的なものと退けられたため、ヴィシーは元の寒村に戻ってしまう。十七世紀に入ると、鉱泉水の効能が医学的に認められ、少しずつ湯治客が集まるようになったが、決定的な人気をえるようになったのは、やはり、第二帝政にナポレオン三世が好んでこの地を訪れてからのことである。

ナポレオン三世は、長い間、湿気のひどい牢獄に幽閉されていたことが原因となって重症のリューマチに苦しんでいたが、あるとき医師の勧めでヴィシーの鉱泉水を試したところ症状の回復を見たので、以後、この湯治場をひいきにするようになったといわれる。取

パリ万博でのヴィシーの鉱泉水のコーナー

り巻き連中がすぐに皇帝に追随したことはいうまでもない。高級ホテルが立ち並び、娯楽施設が生まれ、病人の治療の場だった湯治場があっという間に上流階級の社交場に変身してしまったのである。

鉄道の敷設はヴィシーの観光地化に拍車をかけた。いまや、ヴィシーに湯治に出掛けること自体がステータス・シンボルとなったのである。

といっても、ヨーロッパ式の湯治というのは共同の浴室でお湯につかることを意味するのではない。通例、朝起きるとホテルを出て町の中心にある鉱泉水の販売所に出掛け、医師に処方された量だけ水を飲み、そのあとでシャワー・ルーム（個室）に入って熱い鉱泉水のシャワーを浴び、マッサージを受けるのである。

だがそれが済むとあとはすることがなくなるので、湯治客はカジノや劇場に足を運ぶことになるが、しかしそれだけでは何かもの足りない。つまり湯治場という非日常の空間をかくあらしめるアヴァンチュールが欲しくなるのである。

かくして、有名人とその懐を目当てにした怪しげな男女がヴィシーに現れるようになり、湯治場の恋が生まれる。「ヴィシーは病人を治す以上にコキュ（寝取られ亭主）をつくった」といわれるが、これなど、いかにも艶福家だった皇帝ゆかりの湯治場らしい評判ではないだろうか。

9　トゥルーヴィル　亡命貴族が伝えた海水浴

今日、バカンスといえばフランスということになっているが、都会の夏をさけて海や山に出掛けるというこの習慣は、王政復古期に亡命貴族たちがイギリスからもち帰ったものである。貴族たちは、とりわけ、イギリスのブライトンでの海水浴の思い出にこだわって、同じような浜辺を求めたが、やがてよく似た海岸を見つけた。ノルマンディーのトゥルーヴィルである。

といっても、海水浴は純粋な医療行為とされていたので、交通不便なこの一漁村まで出掛けるのは神経の発作、とりわけ便秘に悩む一部の有閑階級に限られていたし、また、海水浴といっても実際に泳ぐのはまれだった。

女性たちは全身を覆う水着で肌を隠し、海水につかってもすぐに上がってポルトやマデイラ酒で体を温め、肌をマッサージしてもらった。それが、医師の処方だったからである。しかし、いかに全身をくるんでいても、やはり貴婦人が肌を水につけるというのは男たちの想像力を刺激したようで、貴婦人が現れると、男たちの視線は一斉にそちらに向けられたという。フロベールの初恋物語『狂人の手記』には、そうしたトゥルーヴィルの海水浴風景が描かれている。

第二帝政期に鉄道が敷かれると、政治家、実業家、銀行家、弁護士、作家などのブルジョワたちが家族連れで大挙して押し寄せ、トゥルーヴィルは「海岸の女王」と呼ばれるようになった。豪華なホテルや別荘が立ち並んだ海岸の遊歩道を、真っ白な夏服に身をくるんだ美しい娘たちが日傘をさしながら散歩するという、印象派かプルーストの『失われた時を求めて』にでもあるようなまばゆいばかりの「幸せの情景」が出現する。ホテルのロビーは、パリではめったに顔をあわすことのない著名人がいたるところであいさつを交わす新しい社交場となる。午後には紳士淑女の無聊《ぶりょう》を慰めるためにあずまやでフォーレの指揮するミニコンサートが開かれ、夜にはカジノでとばくが開帳される。パリでは禁止されていたとばくも避暑地では認められていたのである。だが一九〇〇年を境にトゥルーヴィルの人気にも陰りが見えてくる。隣町ドーヴィルに建設された競馬場がグランプリを売り物にして「海岸の女王」の座を奪ったのである。

今日、トゥルーヴィルの遊歩道を歩くと、真夏でも、失われた過去の栄光の故か、一抹の寂しさが感じられる。だが、それはけっして不愉快なものではない。落魄《らくはく》の味わい。こんな言葉が心に浮かんでくる。

トゥルーヴィルの観光ポスター

10 リゾート地のスポーツ 富見せびらかす手段

トゥルーヴィルをはじめとするノルマンディーのリゾート地では、第二帝政から世紀末にかけて、イギリスかぶれの上流階級が、乗馬と並んで、ヨットを流行させた。海水浴場のかたわらにはヨットハーバーが設けられ、潮風を愛する青年たちが恋人を白いヨットに乗せて沖合を帆走するという、のちに映画『太陽がいっぱい』でおなじみになるようなあの光景の雛型がつくりだされた。「ベラミ号」を操るモーパッサンはそうしたヨット青年の元祖だった。フランス・カップは一八九一年にトゥルーヴィルで第一回が開催されている。

こうしたスポーツの流行は、ヴェブレンのいう「衒示《げんじ》的余暇」がブルジョワ的形態をとってリバイバルしたことを意味していた。

すなわち、馬車や豪邸あるいは高価な衣装などの購入によって蓄積した富を見せびらかす「衒示的消費」に飽きたブルジョワたちは、昔の貴族がその富を狩りなどのレジャーによって開示したのにならって、働かなくてもいい時間を有している事実をスポーツという「衒示的余暇」によって示そうとしたのである。

ゴルフをする女性を描いた当時の絵

富の見せびらかしの手段としてのスポーツというこうした性格は、その用具が習熟を必要とする馬やヨットなどからテニス、ゴルフ、自転車、スキーなどの比較的量産のきく品物へと変わっても、基本的には変化がなかった。

ただ、一九〇〇年をはさむ時期にリゾート地に姿をあらわしたこれらの手軽なスポーツは、従来のブルジョワ階級とは少しちがった新しいアッパー・ミドルの子弟たちを担い手としている点に特徴があった。そして、この担い手の変化は、同時に、身体に対する意識をも変えることになるのである。

プルーストの『失われた時を求めて』の第二部「花咲く乙女たちの影に」には、こうした新人類の出現に目を見張る語り手の驚きが、バルベックという架空のリゾート地に、まったく新しい動作や身なりをともなってあらわれた少女たちの描写という形を借りて語られている。

「これらの見知らぬ少女たちの一人は手で自転車を押していた。他の二人は、ゴルフのクラブを持っていた。そして彼女らの身なりは、バルベックにいるほかの少女たちとかけ離れているのだった」

これらのスポーツ少女たちの体現していた「新しさ」、それは、二十世紀の幕開けを告げる、しなやかさとムーブメントという新しい要素にほかならなかったのである。

11　自転車　新しいタイプの女性が出現

『失われた時を求めて』の語り手は、バルベックの浜辺で自転車を押していた少女アルベルチーヌに恋するようになる。おそらく、語り手は、自転車に乗るブルジョワの少女という意外な組み合わせに新鮮な驚きを覚えたのだろう。

自転車は、大革命の二年後にパリの発明家がパレ・ロワイヤルで車輪をつけた木馬のような不思議な二輪車を乗り回して見せたのが始まりとされる。一八六七年のパリ万博で、ピエール・ミショーが、大きな前輪にペダルをつけた「自分の足でこげる」自転車を展示してからは、新し物好きの間で人気となり、翌年には早くもロードレースが開始された。しかし、このアルカイックなタイプの自転車は、安全性が悪かったのと、鉄の車輪で振動がひどかったので、一般にはなかなか普及しなかった。

現在のような、二輪とも同じ大きさで、動力をチェーンで送るタイプが登場したのは一八八〇年代だが、爆発的発展をみたのは、イギリスのダンロップがチューブつきゴムタイヤを発明した一八八八年以降のことである。『失われた時――』のアルベルチーヌが乗っていたのも、このタイプの自転車だろうと思われる。

ところで、女性と自転車というのは、不思議な影響関係にある。ひとつは、自転車に乗る女性があらわれて、「スカートをはかない女」という全く新しいタイプの女性が生まれたことである。スポーツをする女性としては、以前から乗馬する女性がいたが、この場合、女性はスカートをはいて、横座りのくらに乗ることになっていた。

自転車では、さすがに、こうした乗り方はできなかったので、股《また》を開いてもかまわないようなニッカーボッカーが生まれたのである。そして、このニッカーボッカーの出現は、女性に戸外を自由に動き回ることを可能にし、やがて二十世紀のライフスタイルに大きな革命をもたらすことになる。

しかし、実は、女性と自転車はもうひとつ意外なところで結びついている。それは、スカートを大きく膨らませるクリノリンが世紀末に廃れたため、それまでクリノリンの鉄骨をつくっていた業者が、ノウハウをそのまま生かせる業種として自転車製造に参入したことである。現在、最高級自転車メーカーのひとつであるプジョーはその典型である。

クリノリン→自転車→ニッカーボッカー→新しい女性。

『失われた時――』の語り手を驚かしたアルベルチーヌはこうして生まれてきたのである。

当時の女性の自転車用服装

12 自転車レース 「資本主義」と「報道」

自転車は世紀末のあらゆる思想潮流が混じりあう結節点だった。皆が思い思いに自転車に未来を託していた。

まず、自転車は、量産可能な工業製品として人類を進歩させる「科学」の勝利と称賛されていた。

たとえば、『居酒屋』の作者ゾラは、自転車は、精神的にも肉体的にも堕落した下層階級の人間たちに意志と規律を学ばせる格好の教材であるとして高く評価していたが、これは当時隔世遺伝とアルコール中毒でフランス民族が「退化」するというオブセッションが知識階級に広まっていた事実を忠実に反映している。自転車は「退化」をくいとめる強力な武器と考えられたのである。

いっぽう「ルパン・シリーズ」のモーリス・ルブランは『ここに翼がある』という自転車小説を書いて、自転車は二足獣という限られた条件から人間を解きはなつ「翼」であると礼賛したが、これなど自転車に対する空想社会主義的な思い入れをよくあらわしている。

自転車賛歌はフェミニストたちによっても奏でられた。フェミニスト大会で議長のマリ

当時の自転車レースの選手

ア・ポニョンは、自転車は、女性に行動の自由をあたえることで男女平等をもたらし、性差別をなくすと主張した。

だが、自転車を大衆化するのにもっとも熱心だったのは、やはりメーカーの資本主義の論理だった。なかでも、ダンロップに負けないタイヤを開発したと自認するミシュランは一八九一年に始まったパリ―ブレスト間のロードレースの有力選手にタイヤを貸与し、「優勝」の一語を最大の宣伝材料にした。

もうひとつ自転車レースの普及で忘れてはならないものにジャーナリズムがある。というのもパリ―ブレスト間のレースはフランス初のスポーツ日刊紙「ベロ（自転車）」の創刊者ピエール・ジファールによって組織されていたからである。

一九〇〇年には「ベロ」紙のライバルとして「オート（自転車）―ベロ」というスポーツ新聞が生まれたが、創刊者のアンリ・デグランジュは「ベロ」紙を打ち負かすためにより大掛かりなロードレースを考えだした。それが今日フランスのスポーツ界で最大の行事となっているフランス一周自転車レース「トゥール・ド・フランス」である。

これにより肉体的に優れた下層民衆が一夜にして国民的英雄となる道が開かれた。ゾラなどの夢想とは形はちがったとはいえ、自転車は確かに大衆の「夢」をかなえる手段となったのである。

13　自動車　主人と運転手――主従関係が変容

民衆の夢の具現化として生まれた自転車にたいし、自動車は、メカ道楽の王侯貴族や大富豪のおもちゃとして誕生したということができる。

テノクロジー的に進化の極限まで行き着いた馬車にあきたりないものを感じていた一部の王侯貴族や大富豪は、馬なしで走るオートモビルというものが出現すると、さっそくこれに飛びつき、発明家たちに積極的な資金援助をおこなって、より速く走る自動車を作らせようとつとめた。

その結果、一八九五年には、こうした自動車マニアの王侯貴族や大富豪たちがスピード世界一を決めるべく、パリ―ボルドー間の往復自動車レースを開催することとなった。このレースには、蒸気自動車や電気自動車も参加したが、一八八六年にドイツのダイムラーの発明したエンジンを搭載したパナール・ルバスール社のガソリン自動車がだんとつで優勝すると、自動車はすべてガソリンエンジンに切り替わり、原理的には現在とほとんど変わらない高性能車が次々と生み出されていく。

とはいえ、当時の自動車の写真を見ると、現在とは決定的に異なっている点がひとつあることに気づく。それは、馬車と同じく、運転席が吹きさらしになっていることである。つまり、主人の乗る後部座席には馬車のように箱型の固定屋根やほろがついているのにたいし、運転席は御者席と同じように雨風にさらされているのである。

これは、主人と召使が同一空間にいることを絶対に容認しない当時の厳格な階級意識をそのまま忠実に反映しているが、それと同時に、自動車というものが上流階級のスノビズムを満たすための選別的な乗り物であった事実も雄弁に物語っている。ヨーロッパ、とくにフランスでは、スピード狂の大富豪のための高級車がもっぱら生産され、本来ならもっとも必要性の高いはずの商工業部門で自動車がなかなか発達しなかったが、その理由もここにある。

しかしながら、テクノロジーが進歩し、風力抵抗がスピードダウンの原因となることが理解されると、運転席は客席と同一空間に収納される方向にむかっていく。

この変化は、思っているよりもはるかに重要である。なぜなら、これ以後、運転手は、主人と秘密を一にする一種の共犯者となるからである。『失われた時を求めて』の中に微妙な形で表現されているプルーストと運転手アゴスチネリとの関係は、こうした主従関係の変容を抜きにしては論ずることができない。

運転席が吹きさらしの当時の自動車

14 オリンピック 第五回大会で初めて認知

一九〇〇年には、パリ万博のかたわらで、五月十四日から、第二回オリンピック大会が開かれていた。だが、このオリンピック大会は、なんの注目もあつめず、ひっそりと寂しく行われていた。というのも、クーベルタン男爵の提唱するアマチュアの競技大会ではアトラクションとしての魅力に欠けると判断した万博委員会が、プロの競技者や曲芸師をあつめたスポーツ大会をヴァンセンヌなどで組織したため、観客がこちらのほうに流れてしまったからである。

これは、世紀末のギリシャ熱の中で一八九六年にアテネで行われ、ギリシャ人の羊飼いルイスのマラソン優勝で劇的な幕を閉じた第一回オリンピック大会の目覚ましい成功と比べると、まことに寂しいかぎりの有様で、オリンピックは永遠にギリシャの地で開催したいというギリシャ国王の要請をけって、第二回大会のパリ開催を主張したクーベルタンの面目はまるつぶれだった。

しかしながら、クーベルタンの生み出したオリンピックは、じつは、万国博覧会の産物以外の何物でもなかったのである。

1896年、アテネで開かれた第１回オリンピック

貴族の家柄に生まれ、軍人を志して挫折したピエール・ド・クーベルタンはイギリスに渡って近代スポーツの父トマス・アーノルドの著作と出合って己の天職をスポーツ教育に見いだしたが、オリンピックのアイディアと理念は、むしろ、一八五五年と一八六七年のパリ万博の責任者であった社会学者フレデリック・ル・プレーに負っている。すなわち、クーベルタンは、万博の事物のかわりに選手の肉体を置き、万博の理念である「展示（エクスポジシオン）」「自由貿易（リーブル・エシャンジュ）」をスポーツに当てはめて、万国の運動選手が自分の肉体を披露（エクスポゼ）し、自由に交流（エシャンジェ）する場としてのオリンピックというものを考え出したのである。

そのため、クーベルタンは、オリンピックは、万博と同時開催さるべきものと見なし、一八九四年のオリンピック準備の世界大会で、第一回大会を一九〇〇年のパリ万博にあわせて開催することを主張した。ところが六年後では遅すぎるという意見が出て、急遽、第一回大会は古代オリンピックにちなんで、アテネで開くことが決定されたのである。

したがって、もし第一回大会がクーベルタンの当初の考えどおりパリで一九〇〇年に開かれていたとしたら、オリンピックはなんの反響も呼ばず、すぐに廃止になっていたにちがいない。オリンピックは万博と切り離された第五回ストックホルム大会で初めて世界的に認知されたのである。

15　体操　民族改造の切り札

クーベルタンが創始した近代オリンピック大会は、ある意味で、典型的な世紀末の危機感のあらわれだった。というのも、そこには、文明の発達によって生命力を失い「退化」の始まったフランス民族の活力をよみがえらせようとするアンチ・デカダンス的発想のパターンを見ることができるからである。

「退化（デジェネレサンス）」とか「退廃（デカダンス）」という言葉がフランスで頻繁に人々の口の端にのぼるようになったのは、一八七〇年の普仏戦争の敗北以後のことである。

政治家や文化人の一部は、敗戦の根本原因は、戦争準備の遅れや作戦の失敗ではなく、フランス兵がプロシャ兵に比べて肉体的に劣っていた事実にあると主張したが、これは、フランス人は民族としての繁殖力を失い、衰退にむかっていると説く人口学者や衛生学者の学説を全面的に取り入れたものだった。

すなわち、出生率の低下や平均身長のダウンなどを根拠にしてフランス民族退化説を主張する人口学者や衛生学者は、その退化の原因を、民衆の間に見られるアルコール中毒、遺伝梅毒、隔世遺伝などに求めた。

これは、生活レベルの低下は社会環境の悪化ではなく、自堕落、無秩序といった民衆に内在する「悪徳」によってもたらされると考える支配層の強い支持を受けるところとなり、肉体と精神両面の退化をくいとめるための民族改造の切り札として「体操」が強く待望されるにいたったのである。

ところで、戦争に負けた民族の活力を呼び戻すために体操を普及させるという発想は、もとはといえば、イエナの大敗に衝撃を受けたプロシャの文献学者ヤーンに発したものだった。プロシャは、このヤーンの考えを軍国主義的に取り入れ、学校や軍隊の正課に体操を導入して富国強兵に励んだのである。

しかしながら、プロシャや日本では成功したこの軍国主義的体操教育は、強制的なもの、画一的なものに激しい嫌悪を示すフランス民衆の間では、ほとんど成果を見ることなく終わった。体育にゲームの感覚が取り入れられなかったことも一因だった。

クーベルタンが打ち出したオリンピックの理念は、こうして失敗した強制的体育の代わりにスポーツマンの自主的な向上精神を置くものだったが、大枠においては、デカダンスという時代精神に反発して肉体の復権を求めるという点で世紀末の

普仏戦争敗北後に奨励された体操

色彩を色濃く反映していたのである。

16　大衆紙　潜在的猟奇趣味を顕在化

世紀末のフランスにデカダンスの風潮が広がった原因のひとつに、血なまぐさい犯罪が増加した事実をあげる研究者もいる。しかし、これは、実際に凶悪犯罪が増えたというよりも、凶悪犯罪を報道するセンセーショナルなジャーナリズムの数が倍増したといったほうが正確である。

事実、世紀末には、一部一スー（五十円）の料金で百万部近い部数を刷る新聞が、老舗《しにせ》「プチ・ジュルナル」をはじめ「プチ・パリジャン」「マタン」「ジュルナル」の四紙を数えたが、これらはいずれもセンセーショナルな事件中心の大衆紙で、猟奇的な殺人事件やスキャンダルが起きると、多色刷り石版のどぎつい絵入り日曜版を目玉にして、今日のワイドショー顔負けの過激な報道合戦を繰り広げ、部数拡大を競いあった。

その結果、読者は、まるで毎日のように凶悪な犯罪が起きているような錯覚にとらえられ、「退化」「退廃」というイメージを自分たちの時代に対して持つようになったのである。

いうまでもなく、凶悪犯罪と、それに対する大衆の興味は昔から存在していた。たとえば裁判所の傍聴席というのは「現実という芝居」を眺める観客席として、好奇心の強い民

新聞を読む、当時の人々

衆によって以前から利用されていたし、また、傍聴できない人々のためには小部数ながら猟奇的記事を満載した法廷新聞のたぐいが存在していた。スタンダールの『赤と黒』やフロベールの『ボヴァリー夫人』はこの手の法廷新聞から着想を得たものである。

なかったもの、それは凶悪犯罪と大衆の野卑な好奇心を結びつける大部数のメディアである。世紀末に起こったのは、潜在的なものにすぎなかった民衆の猟奇趣味が、薄利多売という資本主義のシステムを使って部数拡大に成功した大衆紙の登場で一気に顕在化したことである。それまでは一部の人間にしか共有されていなかったミステリー嗜好《しこう》が万人のものとなった。だれもが凶悪事件の「真相」を知りたがった。いまや「真相」こそが新聞の至上価値となった。

一八八一年の新聞法の改正で事前検閲が完全に撤廃され、ジャーナリズムはいまこそなんの掣肘《せいちゅう》もなく主義主張を展開できると思ったが、そのとき皮肉にも大衆は「主義主張」に耳を傾けるよりも「真相」を知るほうを選んだのである。

世紀末のドレーフュス事件は、ジャーナリズムが「主義主張」一本では食べていけずに、「真相」に助けを借りざるをえなくなった世相を反映していたともいえる。

17　新聞宅配制度　識字階級を生み出す

日本人は、毎朝、自宅でいながらにして新聞を読めるのは当たり前のことだと思っている。つまり、新聞の宅配に対してはガス・水道・電気のたぐいと同じように、特にその便利さを感じてはいない。だが宅配制度というのは実に偉大なことなのである。

フランスでは、現在、新聞の宅配制度がなくなっているので、毎朝、キオスクまで新聞を買いに行かなければならない。そのたびに宅配制度の便利さを痛感する。

ところで、十九世紀においては、フランスは逆に、新聞宅配の先進国だった。郵便馬車の時代から、新聞は、たとえ地方でも、毎朝欠かさず購読者に届けられていた。第二帝政期に鉄道網が完備すると、宅配は草深い田舎にまで浸透するようになった。

この宅配網の拡大にあずかって力あったのは、なんといっても、アシェット書店が各駅に開いた構内書店だった。この構内書店では、書籍のほかに新聞も扱っていたが、新聞については、構内販売だけでなく、近隣の村々への配達業務も引き受けていた。

それまで、都会のことを知る手立てとしては、月に一度か二度村を訪れる行商人しか知らなかった農民たちにとって、ニュースや連載小説を満載した大衆新聞がこうして毎日届けられるということは、それ自体が、ひとつの大きな事件だった。

村人たちは、毎日、期待に胸を膨らませて新聞の配達を待つという習慣を身につけた。「続きはまた明日」という形で綿々と続く新聞の連載小説が新しい識字階級を生み出した。大人も子供も新聞配達員の到着を待ちどおしく思うようになった。

その結果、新聞の連載小説だけでは物足りない読者のために、週に一度、新聞小説の形式を借りて、小説だけを分冊で配達するシステムが生まれた。要するに、小説の分割販売である。このシステムは、過去の名作に多量の挿絵を入れて再刊するようなときに用いられることが多かったが、新聞を一年契約で購読する余裕のない農民には、わずかな金で毎週小説が楽しめるということで大いに歓迎された。ユーグ版の挿絵入り『レ・ミゼラブル』などは、新聞小説ではなく、こうした形式で販売されたものである。

新聞を配る配達員

18　街頭ポスター　教育的な効果

連載小説や分冊小説の人気は、大衆新聞の売れ行きと直結していたから、新しい小説が連載開始されるときには、ちょうど、今日のテレビの新番組キャンペーンのような猛烈な宣伝が毎度のように繰り広げられた。

といっても、当時は、広告媒体が限られていたので、広告の主力となったのは、街頭に張り出される大判の壁画ポスターだった。

広告用の大判壁画ポスターは、新聞王エミール・ド・ジラルダンが資本参加した読み物新聞「ミュゼ・デ・ファミーユ」の創刊キャンペーンの際、初めてパリに登場したといわれるが、世紀末に、日本の浮世絵の影響を受けた平面的構成の多色刷り石版（クロモリトグラフィー）が主流となるに及んで、次々と個性的なポスター画家があらわれ、ベル・エポックのパリの街角をさまざまな色彩でかざった。

ポスターは、のりを入れた大きな缶とブラシをもった請負業者が指定された個所に手際よく張っていった。この光景は、現在でもまったく同じで、ポスターを張り替える業者の作業をしばし立ち止まって見とれてしまうことがある。

DANS Le Petit Journal LIRE
FILLE D'ALSACE
Lire dans le Petit Journal
les Conditions de son
NOUVEAU CONCOURS
300,000 Frs de Prix
Pierre DECOURCELLE
ポスターを張る女性

それまで、カラー印刷のものとしては小さな石版画ぐらいしか見たことのなかった民衆は、この大判のカラーポスターの登場に度肝を抜かれ、「街頭美術館」としておおいに歓迎した。まだ字が読めなかった民衆たちは、美しい絵とともに印刷されている文字の意味を知りたいと思うようになった。この意味では、街頭ポスターは、たんに情報伝達の機能を担っていたのみならず、一種の教育的な効果も発揮していたのである。

民衆のなかには、ポスターにすっかり魅せられて、こっそりはがして収集に励む者も出てきた。トピノという名の廃品回収業者はそんなポスターマニアの一人で、「勤務中に」ひそかに集めたポスターを自宅に飾って、小さなポスター美術館を開館し、わずかばかりの拝観料をとって近所の子供たちに見せてやった。

もしこの手のポスターマニアがいなかったなら、当時まだ何らの芸術的価値も認められていなかった街頭ポスターがはたして今日まで保存されていたかどうかは、怪しいと言わざるを得ない。

われわれは、今日、ベル・エポックというとき、おのずと街頭ポスターのイメージを思い浮かべるが、この連想が可能になったのも、ひとえに彼らのポスターはがしの努力のたまものなのである。彼らの功績はけっしてばかにしたものではない。

19 モリス広告塔　無償で夢想に誘う

街頭ポスターがパリの街を彩るようになったのはいいが、当初その張り方ははなはだ無秩序で、街の美観を損ねるという意見が各方面から出された。

とりわけ、オスマンの大改造でパリの建物が新しくなってからは、街頭ポスターに対する風当たりが強くなり、当局の規制も強まった。

そこで、業者たちは、解体寸前の建物の壁にベタベタとポスターを張り付けるほかはなくなったが、その結果、反対に、中心部では、芝居の日程や演目を知りたくてもポスターが一枚もないという状況が生じた。

これは、劇場経営者にとってもポスター印刷業者にとっても大きな頭痛の種だったので、一八六三年、両者の代表が集まって対策を協議する委員会がつくられ、パリの中心部に、ポスターを張るための特別の小型建築物をつくることが決まった。マレールリッシュ、ドゥルアン、モリスの三人のポスター印刷業者から、それぞれ広告塔の試案が出されたが、最終的に、モリス案が採用された。

一八六八年からパリの街にお目見えしたモリス広告塔は、円筒の上にオリエント風のブリキの王冠が載っているところが万博のキオスク風だったのと、劇場ポスター専用である点に特徴があった。

プルーストの『失われた時を求めて』にはこのモリス広告塔が何カ所か登場している。「私は、毎朝、劇場の演目を知るために、モリス広告塔まで走っていった。ポスターで演目を知り、想像力を働かせて夢想にふけるときほど無償で幸せな瞬間はなかった。その夢想は、タイトルを構成している言葉と分ちがたく結びついた映像と、まだのりが塗られたままで湿っているポスターの色彩によって生み出されるのだった」

この描写からもある程度想像がつくように、モリス広告塔に張られる劇場ポスターは原則として文字だけの小型ポスターに限られていた。これは、できる限り多くの劇場に広告塔のスペースを提供するという方針があったためである。しかし、絵がないため、かえって想像力を刺激するような面もあったらしく、プルースト少年にとって、モリス広告塔は夢想をつむぎだしてくれる魔法の塔のような役割を果たしていた。

いずれにしろ、この広告塔が世紀末パリの原風景の一つになっていたことはまちがいない。なお、これはあまり知られていないことなのだが、モリス広告塔は、中が空洞になっていて、掃除道具の格納場所を兼ねている。

CONCERTS
LAMOUREUX
COLONNE
CATHERINE
L'ILE DU REVE
3 MATINEES

モリス発案の広告塔

20 ヴァラス給水泉　疫病よけに設置

パリはいまでも水に恵まれた都市ではない。日本人の旅行者は水道の水を飲むとたいてい下痢をする。これはパリの水道水には下剤と同じ成分が含まれているためである。日本人家庭ではミネラルウォーターでご飯を炊いているところもある。

しかし、十九世紀の前半におけるパリの給水状況はとてもこんなものではなかった。まず上水道というものが存在しないに等しかったから、炊事や洗い物のための水は水売りから買っていた。洗濯や入浴のための水はといえば、こちらは必要なかった。なぜなら、一般庶民は洗濯は必要最小限にとどめ、入浴はほとんどしなかったからである。

水売りは浄化された有料の商業用給水泉から水を汲む規則になっていたが、セーヌ川から直接水を汲む悪質な業者もあとを断たなかった。その結果、ひとたびコレラなどの疫病が流行すると多数の病死者が出た。

そこで、当局は、上水道の普及に力を注いだが、貧しい界隈では配管の工事費を家主が負担しようとはしなかったので、しかたなく、公共の広場に無料の給水泉を多数設け、住民が良質の水を汲みに来られるようにした。今日、パリの各所に見られる鋳鉄製の噴水は、

ヴァラス給水泉

装飾的な目的というよりもむしろ実用的な目的で作られた施設だったのである。

とりわけ、一八六七年の万国博覧会以後は、電解作用を利用した鋳鉄製造技術が進化し、鋳鉄製の公共給水泉がいたるところに設置されるようになった。

このころに設けられた給水泉のひとつに、ヴァラス給水泉というものがある。これは、フランスに帰化したイギリス人の金満家、リチャード・ウォーレス（フランス式に読めばリシャール・ヴァラス）が、一八七二年にパリ市に寄贈した小型の公共水飲み場で、のどが渇いた通行人は備え付けのコップで良質の水を飲むことができるようになっていた。ヴァラスは芸術作品のコレクターとしても知られ、ボードレールやジェリコーの友人でもあったので、給水泉のデザインは自分で行い、彫刻家のルブールに装飾をゆだねた。四人の人像柱はそれぞれ、素朴、善意、質素、慈愛の女神をあらわしている。

このヴァラス給水泉はいまだに健在で、パリ名物のひとつになっている。備え付けのコップは一九五二年以後は衛生上の理由から取り外されているが、水はもちろん飲んでもかまわない。ただし、水道水だからその点は覚悟しておかなければならない。

21　ヴェスパジエンヌ　皇帝の名にちなむ

パリに旅行した日本人の中には、町中で利用できる公衆トイレが極端に少ないので、途方に暮れてしまう人が多いらしい。そのせいか、いったいフランス人はこの問題をどう処理しているのかと質問されることがよくあるのだが、一年ほど前、新聞にフランス人が排泄する大便の量は日本人のそれの半分だという統計が出ているのを見て、長年の疑問が一挙に氷解する思いがした。

つまり、フランス人は、こと「大」に関しては、いったん家で用を済ませたら最後、外に出てもその必要を感じることはまずないのである。町中はおろか、劇場や役所などの大きな公共施設にも日本に比べてトイレの数が驚くほど少ないのはそのためなのである。とりわけ、十九世紀にはその傾向が強く、ガルニエのオペラ座がこけら落としをしたときには、トイレは目立たない場所に一カ所しかなかったと言われている。

とはいえ、十九世紀でも、男たちは外でぶどう酒やビールを飲む機会が多かったから、「小」の方の公共施設は絶対に必要だった。にもかかわらず、一八四〇年代まではこれがほとんどなかったため、盛り場の人目につかない建物の壁はひどく汚れ、悪臭を放つことも珍しくなかった。

そこで、当時のセーヌ県知事ランビュトーは、円筒形の広告塔ないしはガス灯を鉄製の塀が取り囲むような形の小便用公衆トイレ（男性用）を四百基以上作り、人通りの多い広場や大通りに配置した。この措置は大好評をはくし、繁華街以外の住民も自分たちの家の近所にもこれを設置してくれるよう陳情を行った。建物の中庭に共同トイレがひとつしかないというケースが多かったからである。

ただ、ランビュトー知事にとっては、いささか困った事態が生じた。それはこの公衆トイレが「ランビュトーの塔」と呼ばれるようになったことである。自分の名前が後世に残るのはいいがトイレではいやだと思う気持ちは分からぬではない。

そこでランビュトーは、ある業者が、公衆便所に税金をかけたローマ皇帝ヴェスパジアヌスにちなんで新型トイレを「ヴェスパジエンヌ」と命名したのに目を付けて、以後自分の設置した小便用公衆トイレをすべてこの名前で呼ばせることにした。

「ヴェスパジエンヌ」は何度かスタイルを変えながらも一九七〇年代まで生き残り、私もいくつか目にしたことがあったが、八〇年代に入ると、ほとんどが撤去され、現在あるような新型の公衆トイレに後を譲った。

ヴェスパジエンヌ（中央の丸い囲いの建物）

22 下水道　パストゥールも〝反対〟

一般に、パリの下水道はオスマン男爵のパリ改造と並行して整備されたと信じられているが、これはある意味では正しく、ある意味では間違っている。正しいというのは、下水本管の多くはオスマン治世下に敷設されたからで、間違っているというのは、水洗トイレがオスマンの在職中にはまったく普及しなかったからである。

水洗式の普及しなかった理由ははっきりしている。それは、人糞を農業用肥料として利用することに強く執着していたオスマンが、水洗トイレと完全下水放流方式に強硬に反対したためである。オスマンは、むしろ、大小便を分離する濾過式汲み取り便所の普及に力をそいだ。科学者たちも、東洋の農業にならって人肥を活用することの利点を盛んに強調した。

パリ市当局の方針が百八十度転換され、水洗トイレと完全下水放流方式が主流となったのは、オスマンが失脚してから十年もたった一八八〇年のことである。

この年の夏、パリは異様な臭気に包まれた。新聞が連日のようにこの問題を取り上げたので、市当局も調査委員会を組織して問題の究明にあたったが、はっきりとした原因は突

パリの下水しゅんせつ船

きとめることはできなかった。委員会にはパストゥールも加わっていたが、彼は完全下水放流方式には反対で、臭気は地中の細菌が繁殖したせいだろうと推測した。

これに、ただひとり強硬に反対したのは土木局の技師デュラン・クレーで、彼は、それぞれの通りの下に下水道を通して水洗トイレと結び、汚水を下水処理場に運ばない限り問題の解決はありえないと正論を吐いた。しかし、彼の意見が取り入れられるまでにはなお曲折があり、結局、水洗トイレと下水道を結ぶ配管工事が家主に法律で義務付けられたのは一八九四年にすぎなかった。

だが、この法律に対しては家主組合が猛反発し、政治家を巻き込んでの反対運動が続いた。一九一〇年の統計では水洗トイレの建物が四万八千五百棟だったのに対し、汲み取り式トイレの建物は三万六千五百棟もあった。

一九二三年に国際アナーキスト大会に出席するためパリを訪れた大杉栄は泊まったホテルのトイレが、粗末な汲み取り式で「そのきたなさはとても日本の辻便所の比じゃない」と驚いている。トイレの面ではフランスはけっして先進国ではなかったのである。

23　ゴミ容器（プベル）

知事が強い決意で解決

お昼時にパリの繁華街をぶらぶらしていると、見事な着こなしのキャリアウーマン風の女性がパン屋から出てきて、そのまま歩きながらクロワッサンなどをほお張っている姿を見かける。へえー、日本とはずいぶん風習が違うものだなと眺めていると、その女性はクロワッサンを包んでいた袋をなんのためらいもなくポイと道端に捨ててオフィスに戻っていく。

これを見るたびに、私は、都市住民の生活習慣は意外に深く無意識の中に根を張っているものだなと思う。というのも、パリの清掃の歴史は、パリジャンたちのこのポイ捨ての習慣とセーヌ県知事との戦いの歴史にほかならないからだ。

歴代のセーヌ県知事がもっとも頭を悩ませていたのは、家庭から出る生活ゴミをどうやれば能率よく回収できるかという問題だった。というのも、清掃当局が生活ゴミの回収時間や場所を具体的に指定し、従わない者は厳罰に処するという条例を何度出しても、「生活ゴミは出たときに道路に捨てるもの」というパリジャンの生活意識を改めさせることはできなかったからだ。その結果、パリの道路には馬車の車輪で引きつぶされたゴミが真っ黒な泥となってたまり、道を歩けば靴やズボンはたちまち泥まみれとなった。この問題は剛腕をもってなるオスマン知事も解決できなかった。

だが、一八八三年にセーヌ県知事に就任したカーン大学の教授ウージェーヌ・プベルは、断固たる決意をもってパリジャンにゴミ戦争を挑み、住民は全員、生活ゴミを、①生ゴミ、②紙、布、③ガラス、陶磁器、カキ殻の三種類に分別したうえで、これを三つのゴミ容器に入れ、ゴミ回収馬車が巡回する時間前に建物の前の路上に出しておくものとした。同時に、朝の五時半以前にゴミを出すことを禁じた。

この布告はとりわけ、紙や布の回収を主とする廃品業者の激しい反発を招いた。というのも、当時はまだ植物から直接パルプを取る製紙法が普及せず、紙はもっぱら古紙やぼろきれから作られていたので、廃品業者にとって、路上のゴミは生活の糧を無料で提供してくれる宝の山だったからである。

だが、プベル知事は一歩も譲らず方針を貫き通した。おかげで、パリの路上の泥は、なくなることはなかったにしても、だいぶ薄くなった。これには、さすがのパリジャンも布告の成果を認めざるをえなかった。そして、知事の功績をたたえて、ゴミ容器をこれ以後「プベル」と呼ぶようになったのである。

「プベル」からゴミを回収する業者

24　浴室　普及遅らせた家屋構造

欧米のホテルに泊まるたびに感じるのは、なぜ浴槽以外の場所には流し口を付けないのだろうかという疑問である。もちろん、浴室に洗い場がないことは承知しているが、それでも多少の水は外にこぼれでるし、また浴槽からお湯をあふれさせてしまうこともありえるのだから、理屈からいえば、浴槽ではないところにも流し口を付けたほうがいいに決まっている。

だが、これだけはどんな高級ホテルにもない。反対に日本のホテルには、完全な欧米スタイルのホテルでも、これがちゃんとある。要するに、欧米と日本とでは、初めから浴室というものに対する発想がちがうのである。

日本の家屋の場合、浴室は特権的な「水場」として他の空間から切り離されていた。おまけに、家屋は平屋で、浴室はかならず大地に接していたから、下水がない場合でも、使い終わった水を排水することは比較的容易だった。

いっぽう、ヨーロッパの都市の家屋は、伝統的に数階建ての建物を共同で使用するという形を取るので、上の階に下水管が通っていない場合、水を自由に使える空間というのは

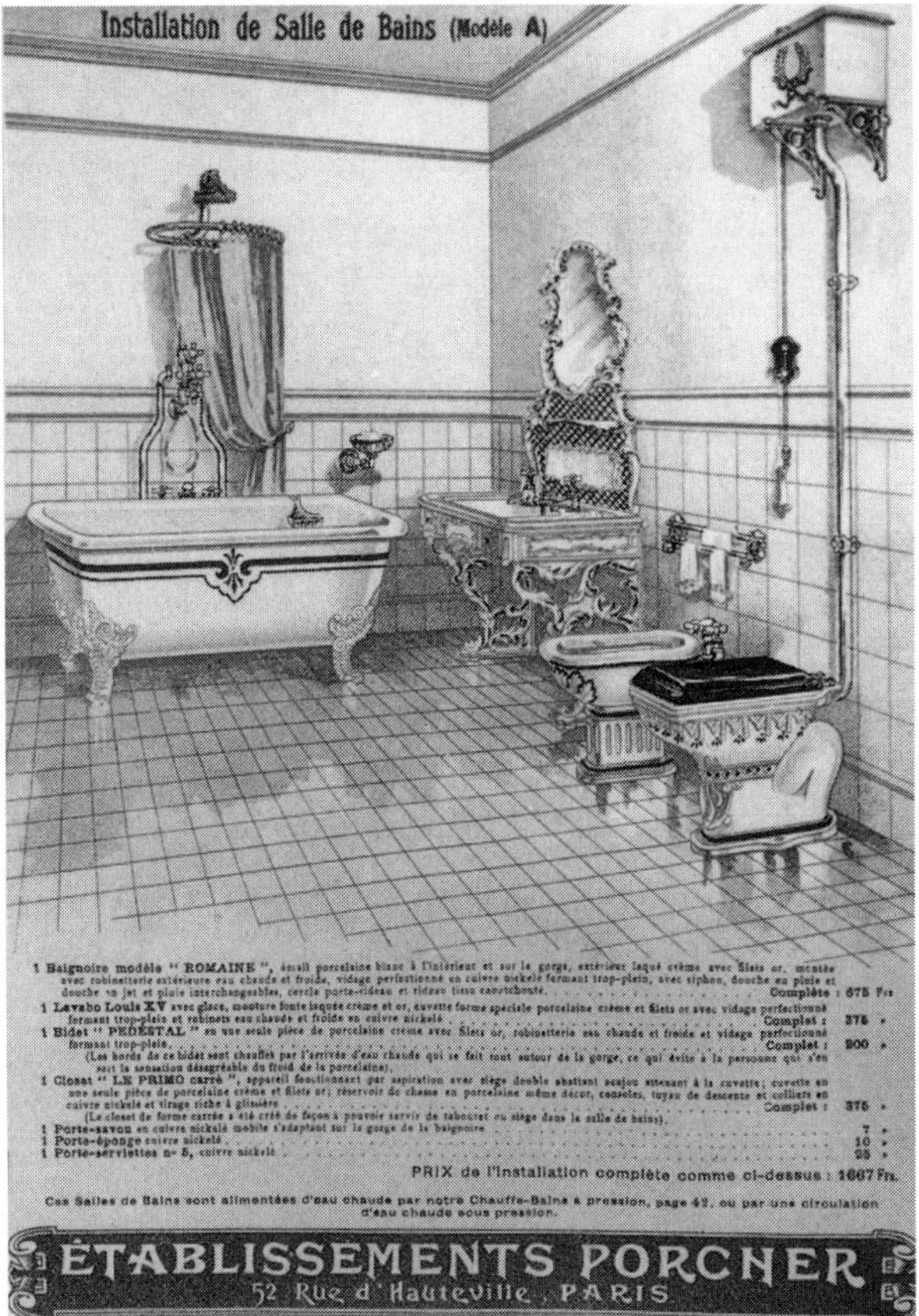
Installation de Salle de Bains (Modèle A)
1 Baignoire modèle " ROMAINE " Complète : 675 Frs
1 Lavabo Louis XV Complet : 375 »
1 Bidet " PEDESTAL " Complet : 200 »
1 Closet " LE PRIMO carré " Complet : 375 »
1 Porte-savon 7 »
1 Porte-éponge 10 »
1 Porte-serviettes n° 5, cuivre nickelé 23 »
PRIX de l'installation complète comme ci-dessus : 1667 Frs.
Ces Salles de Bains sont alimentées d'eau chaude par notre Chauffe-Bains à pression, page 42, ou par une circulation d'eau chaude sous pression.
ÉTABLISSEMENTS PORCHER
52 Rue d'Hauteville, PARIS

19世紀の浴室の広告

存在のしようがなかった。

そのため、中世にまであったローマ式共同浴場というものの伝統が疫病の流行で途絶えると、それとともに入浴の習慣自体がなくなってしまった。

したがって、十八世紀の後半に衛生学の要請で入浴が復活したとき、どの家にも浴室を設ける空間は存在していなかったので、浴槽は普通の部屋、たとえば寝室や居間などに置かれることになった。お湯は台所で温めたものをタライを使って入れ、終わると、またタライでくみ出し窓から捨てた。つまりお湯は好きなように浴びたり流したりできるものではなかったのである。

おそらく、そのためだろう、フランス、特にパリでは浴室の普及は非常に遅れた。どの家庭にも浴室が備わるようになったのはここ二十年ほどのことにすぎない。いまだに浴室もシャワーも一切備えていないホテルやアパルトマンもかなりある。

世紀末から世紀初頭にかけて、衛生学的政策によって、こうした風呂なし住居に住む人々のために多くの公衆浴場が作られたが、これらはいまだに公営浴場という形で細々と営業している。といっても、共同の浴槽があるわけではなく、区分された個室にポツンと浴槽が置かれているにすぎない。

日本人が利用すると、お湯がぬるいのと、部屋が冷え冷えしているのとでたいていは風邪をひく。それでも興味あるという方は一度お試しあれ。

25 専業主婦とデパート　ブルジョワのステータス

デパート不況の長期化が伝えられる昨今だが、それでも、平日の昼間などにデパートをのぞいてみると、不景気どこ吹く風といった感じで、信じられないくらいたくさんの専業主婦たちがショッピングやイベントに集まってきている。

ところで、現在では切っても切り離せない関係になっているこのデパートと専業主婦との結びつきは、じつにそれほど大昔にさかのぼるものでもない。というのもデパートが誕生したのが一八五〇年代だとすると、専業主婦というこの「職業・身分」が誕生したのもほぼ同時期かあるいはその少し前、すなわち一八四〇年代のことにすぎないからだ。

フェミニストたちはよく女性は長きにわたって家庭に押し込められ、キャリアウーマンとして進出する道を阻まれてきたと主張する。しかし、この考え方はたかだかこの百五十年ほどの時間的スパンにしかあてはまらない。というのも、実際にはブルジョワ的近代社会が成立する以前は「夫も妻も働く」民衆階級と、「夫も妻も働かない」貴族階級の二種類しかなかったからである。

いいかえれば、夫が外で働き、妻が職業をもたずに家庭を守るという夫婦の今日的役割分担は、デスクワークを職業とする階層、すなわちブルジョワ階級が社会の支配者となった十九世紀の前半に初めて社会に現れてきたものにほかならない。それというのも、貴族階級が「夫も妻も働かない」ことに自分たちの存在意義を求めたのに対し、ブルジョワ階級は「夫が働くことで、妻を働かせない」ことに彼らのステータスの存立をかけていたからである。

このように、専業主婦というものの誕生は、大げさにいえば、近代社会そのものの誕生と軌を一にしていた。夫たちが「生産―供給」方面で意識的に社会の近代化を推し進めようとしていたそのとき、彼らの労働によって可処分の金と時間を与えられた専業主婦たちは、この金と時間をもっぱら「消費」に費やすことで「需要」を生み出し、無意識のうちに、同じように社会の近代化に貢献していた。

一八五二年にアリスチッド・ブシコーが「薄利多売、現金正価、入店自由、返品可」などのモットーを掲げてパリに創業したデパート「ボン・マルシェ」は、まさしくこうした役割分担によって「消費」専業となった主婦が生み出した商業形態にほかならない。つまり、デパートというのは日中に自由に買い物をする権利を夫から与えられた専業主婦という前提がなければ成立しえなかったものなのである。

主婦らでにぎわう当時のデパート

26 デパートの待合室　専業主婦の「社交場」

専業主婦というものが誕生して、まず必要になったのは、暇を持て余した専業主婦同士が交際する「場」だった。

貴族の婦人たちの場合には、チュイルリ公園やブローニュの森などの社交場に自家用馬車で出掛ければよかったが、中産階級に属する専業主婦たちは、そうした社交場所に出向きたくとも肝心の移動手段をもっていなかった。あったのは、盛り場行きの乗合馬車だけだったが、盛り場にあるカフェやレストランはまだ堅気の女同士で利用できるような施設ではなかったのである。

ブシコーのボン・マルシェ・デパートが大きく躍進した秘訣のひとつは、こうした中産階級の専業主婦たちに格好の社交の場を提供したことにある。すなわち、ブシコーは、女性客がボン・マルシェの売り場を待ち合わせ場所として利用しているのに目をつけ、新館を造った際に、待合室を兼ねた読書室を二階に設けたのである。

新聞や雑誌がいつでも読めるようにキャビネットに備え付けてあったこの読書室は、美術館のギャラリーのような広大な空間で、事実、壁面にはブルジョワ好みの風景画などの

当時のボン・マルシェ・デパートの読書室

売り絵がかかっていた。中央には、緑のフランネルを敷いた立派なテーブルがずらりと並び、客は、その上に置かれたボン・マルシェのイニシアル入りの封筒と便箋を無料で利用して手紙を書くこともできた。

この読書室は、待ち合わせの場所としてばかりでなく、ちょっとした会話を楽しむ社交の場所としても使うことができたので、女性客は、特に決まった買い物がなくとも、週に何回か曜日を決めて友人同士でボン・マルシェに足を運ぶことが多かった。

ただ、いったんボン・マルシェに来て商品を見てしまえば、たとえそれまで購入の必要を感じていなかった人でも、たちどころに「買いたい」という衝動が起きることはいうまでもなかった。もちろん、それがブシコーの狙い目だったのである。

ところで、読書室でおしゃべりをしているうちに、当然、のどは渇くし、おなかも減る。そこで、どこかで、軽い食事でもということになるわけだが、ブシコーはそうした事態もあらかじめ予想して、隣室に、無料でシロップなどが飲めるビュッフェを作っておいた。

このビュッフェは、のちに、高級レストランに模様替えして、「買い物のあとはお食事でも」という行動パターンを定着させ、やがて、ボン・マルシェの集客戦略の重要なかなめとなっていく。

27　デパートのホール　「商品の天国」を演出

最近、日本では、消防法で、デパートに吹き抜けの空間をつくることは禁じられているようだが、戦前に建った老舗《しにせ》デパートにはまだこの吹き抜けの大ホールが残されていて、一歩中に足を踏みいれた途端、子供のころに味わったあの感動がよみがえってくる。

ところで、十九世紀後半のパリで盛んにつくられた、天井をガラスで覆ったこのデパートの吹き抜け大ホールというものは、一八五一年にロンドンで開かれた第一回万国博覧会で会場に使われたジョゼフ・パクストン作のクリスタルパレスがモデルになっているといわれるが、じつは、このほかに、パリの二つの建築物が参照されていることを忘れてはならない。すなわち、ノートルダム大寺院とオペラ座である。

まず、ノートルダム大寺院だが、ここを訪れた人ならだれでも感じるように、内部の装飾は、ひたすら、俗界とは隔たった異空間をつくり出すように演出されている。つまり、ロウソクのあかりと、ステンドグラスから差し込む光によって、より天国に近い場所にいると感じるようにつくられている。

いっぽう、デパートはといえば、同じくシャンデリアと天窓からの陽光で、客が外の通りとは異次元の世界に迷い込んだと錯覚するような空間の設計がなされている。もちろん、その異次元空間は、「商品の天国」という名のユートピアである。

これに対し、オペラ座は、主として、その階段によって、デパートにモデルを提供している。オペラ座の豪華絢爛《けんらん》たる階段のふもとに立って、上階を見上げるとき、胸のときめきや感動の〝前味〟を覚えない観客はいない。

パリのデパート、とりわけボン・マルシェ新館の異常なほどに壮麗な階段は、上の階の「商品のオペラ」に対して、客がこうした条件反射を起こすよう、十分に意図的に据え付けられたものだった。

だが、近年はパリのデパートも東京のデパートを模倣したのか、これらの歴史記念物的な豪華な階段を取り外して、エスカレーターを取り付けている。しかもそのエスカレーターがきわめて貧弱なものなので、階段がなくなった空虚さが余計に目だってしまう。これをデパートの自殺行為といわずしてなんだろうか。

オペラ座の階段を取り外してエスカレーターを置いたら、どんなに無神経な客でも騒ぎ出すだろう。だが商業施設ではパリでもなかなかこうした反応は起こらないものらしい。

当時のボン・マルシェ・デパートのホール

28 既製服の進出　サラリーマンに「救いの女神」

最近では、「つるし」などという言葉はもはや死語になっているが、背広はあつらえるものときまっていた昭和三十年代には、既製服はまだこう呼ばれてさげすまれていたものである。

十九世紀のフランスでも状況は同じだった。婦人服は言うに及ばず紳士服も生地はデパートで買うが、仕立てはテーラーに頼むのが常識だった。だが時代が世紀末に近づくと、デパートではまず紳士服の半分以上が既製服となり、ついで婦人服にも既製服化の波が押し寄せるようになる。

既製服の進出のきっかけとなったのは、一八五五年のパリ万博で、衣料品店ベル・ジャルディニエールが紳士用既製服で見事グランプリを獲得してからのことである。

ベル・ジャルディニエールは一八二四年にピエール・パリソという男がパリのシテ島に創業した店である。「美しい女庭師」というその店名は、シテ島の店のわきに花市場があったことからきている。バルザックが書いた「パリの看板の事典」によると、この店の看板は「きれいに鍬《くわ》の入った庭の真ん中に、ショセ・ダンタンの名流夫人と見まがうほどに

ベル・ジャルディニエールの当時のカレンダー

色白の女庭師が一人立って、じょうろを手にしている」というものだった。

ただ、店で売っている品は、看板とはちがって、労働者用の作業服や作業ズボンが中心だったが、やがて、廉価な背広やズボン、コートなども売り出すようになった。

当時、背広をあつらえる余裕のない民衆はもっぱら古着で我慢していたので、古着よりも安い新品の既製服とあらば、この店に客が押し寄せないわけがない。なにしろ、パルトと呼ばれる上着が四フラン七十五サンチーム（いまの値段にして四千七百五十円）、ズボンが五フラン（五千円）、目玉商品の三つぞろいは五フラン七十五サンチーム（五千七百五十円）というのだから、昨今のロードサイド紳士服店も真っ青の価格設定である。しかも、品質は万博でグランプリを取ったほどの保証付きときているのだから、これが繁盛しないはずはなかった。

「フィガロ」紙は、「銀行家ロスチャイルドの着ている背広は百八十フラン（十八万円）であつらえたもの。平店員のそれはベル・ジャルディニエールで三十五フラン（三万五千円）で買ったものにすぎないが、ちょっと目にはほとんど変わらない」と書いている。

見た目が同じなら安い背広でかまわない。家中で予算配分が一番少ないお父さんがこう考えるのも無理はない。こうして「美しい女庭師」は安サラリーマンの救いの女神となったのである。

29　ミシン　暗転……発明者の運命

世紀末にフランスで既製服の製造が大きく伸びた要因のひとつとして、ミシンの改良と低廉化をあげることができる。

ただ、フランスではアメリカなどに比べると、ミシンの導入による生産ラインの集中化がはるかに遅れた。その原因のひとつは、フランスでは縫製職人の人件費が安くミシンは採算が合わないとされていたこと、もうひとつは職人が失業を恐れて合理化に反対したことにある。

ミシンの発明者とされるフランス人バルテルミー・ティモニエの不運な生涯はこの理由の正当性を裏づけている。

サン＝テティエンヌの縫製職人だったティモニエが縫製の仕事を機械化する夢にとりつかれ、世界最初のミシンを発明したのは一八二九年のことだった。そのミシンは、最も腕のいい職人の六倍の速さで布を縫うことができた。翌年、八十台のミシンを備え付けてパリで開業したティモニエの縫製工場には、アルジェリアに派遣された陸軍から軍服の大量注文が舞い込み、商売は順調な滑りだしを見せた。

だが、一八三一年の一月、ティモニエの運命は暗転する。ミシンによって職を奪われることを恐れたパリの縫製職人たちが、ティモニエの工場を襲い、すべてのミシンを破壊してしまったのである。

失意のティモニエを勇気づけたのは産業皇帝の異名をとるナポレオン三世だった。ナポレオン三世は一目でティモニエの発明の偉大さを見抜き、一八五一年にロンドンで開かれる第一回万国博覧会に彼のミシンを出品するよう勧めた。

万博での好評に気を良くしたティモニエは、マニャンという業者と提携して改良に励み、一八五五年のパリ万博にはマニャンの名で絶対の自信作を出品した。ところが、この万博で注目を集めたのは、ティモニエ—マニャンのミシンではなく、アメリカのシンガーが出品したミシンだった。というのも、ティモニエ—マニャンのミシンは刺繍《ししゅう》のような細かい作業には適していたが、スピードの点では単純化を進めていたシンガーのミシンに一歩譲ったからである。

結局、金メダルはマニャンにもシンガーにも与えられたが、そのプレステージ効果はシンガーの方にだけ吉と出た。すなわち、シンガーはこれをきっかけに世界的大企業へと飛躍していったが、量産の夢破れたティモニエは、一八五七年に貧窮のうちにこの世を去ったのである。

フランスでミシンの普及が遅れたのは、あるいはこのティモニエの呪いがあったからなのかもしれない。

ティモニエの発明したミシン

30 エレベーター 「機能性」VS「見せ物」

パリのホテルやデパートのエレベーターには、十九世紀のものをそのまま使っているのではないかと思わせる古色蒼然《そうぜん》としたものが多く、文明の利器というよりも、遊園地の乗り物といった感じがする。

エレベーターの第一号は、現在でも会社にその名が残っているオーティスというアメリカ人がロンドンの万国博覧会（一八五一年）に出品した荷物運搬用の蒸気エレベーターとされている。ただし、エレベーターの便利さを大衆的に認知させたのは、フランス人レオン・エドゥーが発明した水注式エレベーターだった。このエレベーターは一八六七年のパリ万博で機械館の屋上に観客を運ぶのに使われ、その利便性とスペクタクル性を全世界にアピールすることに成功した。

　こうしたエレベーターの両面的性格にいち早く注目したのは、パリのデパートだった。第一号はヴィル・ド・サン・ドゥニというデパートに登場したが、これは、売り場のギャラリーのわきに立てた鉄柱を、気球のゴンドラのような短円柱状の台が昇降するという奇妙な構造のエレベーターで、利便性よりも、あきらかに、スペクタクル性を狙った「見せ

当時のパリのデパートのエレベーター

物」だった。すでにこの時点で、デパートは、最新の科学的発明をアトラクションとして取り入れるという傾向を見せていたのである。

いっぽう発祥の地であるアメリカでは、エレベーターは動力を電気に変えることで、もっぱら利便性の方面に活路を見いだした。摩天楼の登場はこの傾向に拍車をかけた。というよりもアメリカの場合は、むしろエレベーターがスペクタクル性を放棄して機能性に徹したからこそ摩天楼が可能になったというべきだろう。部分のテクノロジー(ソフト)が全体の構造(ハード)を規定する典型的な例である。

これに対し、一番高いところでも七、八階どまりであるパリの建物では、エレベーターは、特に機能性を開拓する必要に迫られなかったので、そのスペクタクル的性格を失わずにいることができた。改良の努力は、上昇スピードの向上ではなく装飾的な方面に向けられた。その結果、アール・ヌーヴォーやアール・デコなどの新様式が登場すると、エレベーターまでがその様式で統一されることになった。現在でも昇降口のデザインなどは当時のままである。

そのせいか、パリのホテルやデパートでは、エレベーターに乗るたびに空間ではなく時間を上下しているような不思議な気持ちになる。これは決して悪いものではない。

31　鋳鉄装飾　有用性のない芸術品

十九世紀建築と二十世紀のモダン建築を区別する最大の特徴は、装飾性の有無にある。この意味で、世紀末からベル・エポックにかけて造られたパリのデパートは、装飾性を重視する十九世紀建築の最後のあだ花だった。

そこには、もはやこれ以上は不可能と思われるほどの「どうだ、まいったか」的な装飾が満ち満ちていた。そして、その装飾のほとんどは、芸術の域にまで高められた鋳鉄技術によるものだったが、じつは、デパートで花開いたこの鋳鉄芸術こそはフランスでは極めて不遇だったアール・ヌーヴォーの唯一の避難所だったのである。

以前にも述べたように、フランスのアール・ヌーヴォーは建築においては決して主流となることはなく、一部の趣味的な個人住宅に採用されたにすぎなかった。ただ、一九一〇年前後に建築されたギャルリ・ラファイエットやプランタンなどデパートだけは、鉄筋コンクリートで失われた石の重厚性を補うため、外装にも内装にも、過剰なほどの鋳鉄装飾を導入していた。

たとえば、一九〇七年に、新しい店舗の建築を始めたプランタンでは、店内の鋳鉄装飾を、アール・ヌーヴォーの流れをくむアトリエ・プリマベーラという装飾業者に委託したが、このアトリエ・プリマベーラが作りあげた鋳鉄の階段の手すりは、それはそれは見事なものだった。

すなわち、アール・ヌーヴォーの特徴である植物の曲線模様を最大限に生かし、店内を、いたるところに鉄の花が咲き乱れ、茎と葉が絡まりあう鋳鉄の花園へと変えた。それはエッフェル塔に代表される無骨な鉄骨建築の進化のいきついた究極の姿とさえいえた。装飾性という一点を除いたら、それにはなんの意味もなかった。つまり、もはや、有用性を完全に喪失した「芸術品」だったのである。

だが、芸術は脆弱《ぜいじやく》さを宿命としているのか、アトリエ・プリマベーラが制作したプランタンの鋳鉄装飾は、わずかに九年の命しか保つことができなかった。一九二一年にプランタンの家具売り場から出火した火事で、アール・ヌーヴォーを代表する鋳鉄装飾は、アメのように溶けて、すべて崩れ落ちたのである。

この火事で、鋳鉄が火事に弱いことが証明され、以後、デパートの店内から鋳鉄装飾は次第に姿を消してゆき、モダン建築からは完全に排除されてしまう。なんとも短命な芸術だったというほかない。あるいは、あまりにそれが植物に似すぎていたため、枯れるのが早かったのかもしれない。

プランタンのアール・ヌーヴォーの階段装飾

32　コンビニの先駆者　工場・倉庫・支店で「商品管理」

バブル崩壊後、デパートやスーパーの苦戦が伝えられる中、ひとり頑張っているのがコンビニエンス・ストアである。

ところで、現在の日本のコンビニはほとんどがアメリカ企業の商業システムをそのまま応用したものだが、食料品を中心とした地域密着型のこのコンビニの歴史は、じつはそれほど新しいものではなく、十九世紀のパリでその原理が確立されていた。

フランスに行くと、どんな街角でもお目にかかる食料品の小型スーパー、フェリックス・ポタンがこの元祖である。

一八二〇年生まれの創業者フェリックス・ポタンは、初め公証人になるつもりで勉強をしていたが、十七歳のとき、商業の魅力に取りつかれ、ボヌロという食料品店の店員となった。このボヌロの食料品店は流通マージンや店舗装飾など一切の間接費用をカットしたいわゆる倉庫直販の店で、フェリックス・ポタンはここで食料品を薄利多売するためのノウハウを学んだ。

一八四〇年に独立したフェリックス・ポタンは、ボヌロ商法をさらに徹底させ、直営の

フェリックス・ポタンの配達用馬車

食料品工場と倉庫を設けて中間マージンの削減を図ると同時に、販売の量を確保するためにに支店をパリの各所に開設した。フェリックス・ポタンは一八七一年に亡くなったが、三人の娘と二人の息子がそれぞれ手分けして支店を経営し、さらなる支店網の拡大と経営の合理化を図った。

このため世紀末には、すでに今日あるような、どの店でも均質の新鮮な食料品を品切れなしに販売できる「商品管理思想」に貫かれた食料品のチェーン店ができあがった。

このフェリックス・ポタンの商業ポリシーでとりわけ注目に値するのは、ガラス張りの窓をそのままショーウインドーにするという発想である。それまでショーウインドーというものは、いわばドレスアップした商品を並べる特権的空間という意識が強かったので、店舗の内部を外から直接にのぞかせてしまうという新しいタイプの商業プレゼンテーションの方法はその後の商店の在り方に大きな変更を強いることになった。

またフェリックス・ポタンは、FÉLIX POTINというロゴに徹底的にこだわった点でも先駆性を見せている。パリ中を走り回る配達用の馬車がそれ自体で広告塔の役割を果たしていたのである。

現在、空港を出てフェリックス・ポタンのライトバンを見るたびに、やっとフランスに着いたかという実感を持つが、こう感じるのは私だけではあるまい。

33　チョコレート　高級品から大衆的食品へ

私たちの世代だと、板チョコというものに強い郷愁がある。それは「ハレ」のイベントにのみ許された特権的な食べ物で、遠足にもっていくおやつの中では一番最後まで取っておくべきお菓子の王様だった。その板チョコが、現在では子供たちにはあまり人気がなく、スーパーの売り場などでも冷遇されているのを見ると隔世の感がする。

この傾向は、フランスでも同じらしく、代表的なチョコレートメーカー、ムーニエ社が一九七〇年に経営に行き詰まり、現在ではスイスのネッスルの傘下に入っている。

ところで、このチョコレートのムーニエ社、フランス式に言えばショコラ・ムーニエは、チョコレート製造の分野では先駆的な企業だった。

一八一六年にジャン＝アントワーヌ＝ブリュチュス・ムーニエが創業したショコラ・ムーニエが、その名を知られるようになったのは、一八五三年に経営を引き継いだ息子のエミール・ムーニエが、第二帝政の時代に製造工程の完全機械化に成功してからのことである。それまで、チョコレートは、原料のカカオを粉末化してこれを砂糖と均質に混ぜ合わせるのが難しく量産がきかなかったのだが、エミール・ムーニエは、この二つの過程を機械化することによって、大量生産を可能にし、価格を大幅に引きさげて、チョコレートを一部特権階級だけの高級品——媚薬《びやく》として珍重されていた——から、庶民の子供が小遣い銭で買える大衆的な食品へと変貌させた。

ムーニエが行った合理化はそれだけではなかった。すなわち、彼はニカラグアに大規模なカカオ園を造って原料を安く確保し、これを人件費の安いロンドンの工場で加工して、フランスに運ぶという「国際分業」を行ってコストダウンの徹底化につとめたのである。

その製品大衆化の努力は、ショコラ・ムーニエが広告に使ったポスターに典型的に表れていた。それは今日でいえば「ムーニエちゃん」とでも呼べる小さな女の子が壁に「ショコラ・ムーニエ」とイタズラ書きをしている図柄で、商品のターゲットとする同年配の子供に対して強いアピール効果を発揮した。

このイタズラ書きをする後ろ向きの「ムーニエちゃん」は、その時代に流行した表現様式、例えばアール・デコやキュービズムなどのスタイルで描かれているので、広告美術の流れを一望するにはきわめて便利である。ポスター・コレクターの中にはこの「ムーニエちゃん」マニアもいるほどである。

当時のショコラ・ムーニエのポスター

34 殺菌牛乳　消費増大の悩みを解決

今でもあるのかどうかは知らないが、私たちが子供のころは、知力・体力ともに優れた児童を各小学校から選んで、美人コンテストさながらに市の有識者が審査する「健康優良児」コンクールというものがあった。ある年、優勝した「健康優良児」の母親の談話を新聞で読んだ私は大変な文化ショックを受けた。というのも、その母親は、息子には「電気冷蔵庫」に入れてある大瓶の「牛乳」を「いつでも好きなだけ」飲ませていると語っていたからである。

私は、自分が「不健康」な「不良児」である原因は、この「いつでも好きなだけ」飲める「電気冷蔵庫」の「牛乳」の欠如にあると思いこんで大いにひがんだものだが、そのときには、よもや、十年とたたないうちに、日本の子供全員が「健康優良児」になる基本資格をそなえるようになるとは夢にも思わなかった。

パリで牛乳を飲む習慣が民衆の間にも広まったのは、十八世紀の末から十九世紀の初めだといわれている。当時は、パリ市の城壁の内外で乳牛を飼っている農家が多くあったので、搾りたての新鮮な牛乳が朝まだ早いうちに、パリの中心部に運ばれて販売された。販

当時の殺菌牛乳のポスター

売の中心となっていたのは牛乳売りの女たちで、彼女たちが街頭に腰を据えたり移動販売をしたりして、朝食用の牛乳を家庭に届けた。

なぜこれだけ牛乳が民衆に親しまれていたかというと、それは朝食にカフェ・オレを飲む習慣がこのころに定着したからである。カフェ・オレは、これに浸せば硬くなったパンでもおいしく食べられるということで民衆から大歓迎され、以後フランス人の朝食には欠かせない飲み物となる。

だが、時代が進み、消費される牛乳の量が増大すると、とうていパリ市内や郊外で搾れる牛乳では足りなくなってくる。だがノルマンディーなどの牛乳の産地から運ぶのでは、いくら早朝に搾っても馬車に揺られて運ばれているうちに腐敗が始まってしまう。

この問題を解決するきっかけとなったのは、醸造学者ルイ・パストゥールによる細菌の発見である。パストゥールは摂氏五十五度でワインのバクテリアを殺す低温殺菌法を一八六七年のパリ万博で発表してグランプリを獲得したが、この低温殺菌法はただちに牛乳にも応用された。これにより牛乳は農家の一次産品であることをやめて人間の英知の加わった「加工食料品」となり、フェリックス・ポタンのような食料品店の棚に並んでやがて、「健康優良児」誕生の原動力となるのである。

35　氷　北欧からの高級品

温度というものは、上げるのは簡単でも冷やすほうは相当に手間がかかる。そのためか、電気冷蔵庫というものが発明されたのは一九一三年と、かなり遅い。

夏が日本ほど暑くないフランスでは、飲み物を冷たくして飲むという習慣がそれほど定着していないし、スーパーマーケットで食料品を多量にまとめ買いをするというアメリカ式ライフスタイルの普及も遅れたので、電気冷蔵庫はなかなか一般化しなかった。ただ、それでも、レストランや生鮮食料品店ではすでに十九世紀の段階で氷式冷蔵庫は必需品となっていた。

では、この氷式冷蔵庫の氷はどうしたのかといえば、多くは製氷機で作られていた。つまり、電気冷蔵庫の登場は遅かったが、氷を人工的に作る機械はかなり前から存在していたのである。一八六七年のパリ万博にはイタリアの製氷機が登場し、庭園で、無料で観客に人工氷を試食させて人気を集めていたことからも明らかなように、ヨーロッパでは、世紀末には、製氷機はある程度普及していた。

しかし、この製氷機で作った氷というものは、食用としては、いまひとつパリジャンに人気がなかった。蒸留水を凍らせたのだからたしかに衛生面では問題はないのだが、味がまったくないので、すこしもおいしくないというのが理由である。

そのため、パリの飲料用の「氷」は、結局、昔ながらの「切り出し氷」が主役をつとめることになる。ただし、この「切り出し氷」は、ノルウェーやフィンランドの氷河から切り出したものを船底の氷室に入れ、これをセーヌをさかのぼってパリまで運んでくるので、とりわけ、これが一番必要な夏には、非常に高かった。

製氷機が出現したあとのベル・エポックの時代でも、敷石大のもので平均一フランはした。同じ一フラン出せば、定食屋で、ディナー定食を食べてお釣りがきたし、ブドウ酒なら四リットルは買えたから、その高さのほどがわかろうというものである。

しかし、この高さでも、高級レストランでは、氷菓を夏のデザートの売り物にしているところが多かったし、また、そうしたものを食べるのがスノッブの自慢でもあったので、需要はいくらでもあった。

そのせいかどうかは知らないが、フランス人は今日でも、氷に対しては非常にケチである。カフェにはいっても、日本のように、注文した清涼飲料をそそぐコップに氷を入れて持ってきてくれることはまれである。

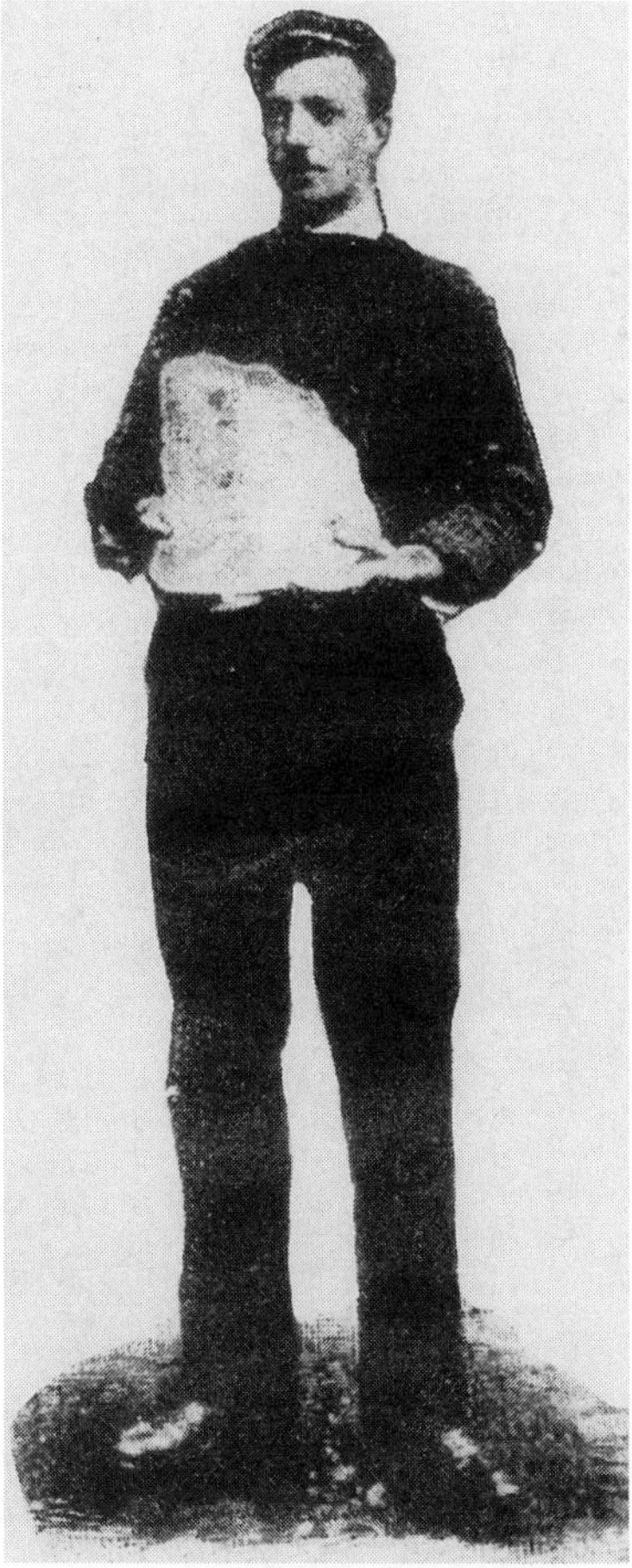

ひとかけら１フラン（約千円）の氷をかかえる男

36　ブラスリ　お色気戦術で復活

日本人のイメージの中では、フランス人とビールというのはなかなか結びつかない。しかし、実際には、フランス人はビールをよく飲む。第一、ビールが安い。スーパーなどの安売りコーナーでは、二十四本入りの缶ビールを三十六フランで売っている（一本あたり約三十円）。カフェやファストフードの店でもビールはコーラよりも低い値段設定になっている。それもそのはず、ビールはほとんど無税にちかく、非アルコール飲料に分類されて、水代わりに飲まれているのだ。

しかしながら、ビールにフランス人が親しみだしたのはそれほど昔のことではなく、十九世紀の後半、それも世紀末である。一八九四年の「ル・マタン」紙にはポール・ル・マニュのこんなコラムが載っている。「今、非常に重大な変化が起こっている。カフェが、ドイツの猿まねであるブラスリ（ビアホール）に取って代わられつつあるのだ」

この証言からわかるのは、対独報復論がかつてない高まりを見せていた世紀末に、かえって、ブラスリが繁盛していたことである。モーパッサンの『ガルソン、ジョッキをもう一杯！』に描かれているように、このころのパリのブラスリにはドイツ人のようにビール

当時のパリのブラスリ（右側の建物）

で酔いつぶれるフランス人がかなり多くなっていたようだ。

本来ならブラスリは一八七〇年代にはフランスに定着していいはずのものだった。というのも一八六七年の万博の会場に設けられたドイツとアルザスのビアホールが大好評を博し、第二帝政の末期にはブラスリは流行の兆しを見せていたからだ。だが、普仏戦争でフランスが敗北し、アルザス地方をプロシャに併合された結果、ブラスリに対する熱狂は一気に冷めてしまう。

それが世紀末になって突如、復活したのは、給仕を全員女性にした新手のカフェが「ブラスリ」と名乗って、客にビールを出し、お色気戦術を繰り広げたからである。結局、お色気戦術のほうはすぐにすたれてしまったが、ビールを主たる営業品目にするウィーンスタイルのカフェをブラスリと呼ぶ習慣だけは残った。

しかし現在ではそうした典型的な世紀末のブラスリも、ドイツからの到着口である東駅周辺にわずかに残っているにすぎず、たいていはカフェと融合してカフェ—ブラスリとなってしまっている。ビールは、フランスでは、イギリスやドイツとちがって、それだけで存在を主張しうる独立した飲み物にはならなかったのである。あるいは、安いのはそのためかもしれない。

37　カフェ・コンセール　「ながら」気分楽しむ

一九九三年の夏は暑かったが、パリでも大変な猛暑だったらしい。パリではクーラーがほとんどないからさぞや耐え難かったかと思うが、いまほどバカンスの普及していない一九世紀のパリでは、夏の暑苦しい宵をやり過ごす方法といったら、これはもう、シャンゼリゼなどの緑の豊かな遊歩道をぶらつき、冷たい飲み物でのどを潤すことしかなかった。

このころ、シャンゼリゼにはまだあまり建物も商店も立ち並んではおらず、人々がここに集まるのは、買い物のためというよりも、むしろ、散歩やダンスや飲食といった行楽のためだった。

なかでも、繁盛していたのが、緑の木陰にテーブルといすを並べたカフェである。しかし、あまりに店が増えすぎると、なんらかの差別化をはからない限り、他店との競争に勝つことは難しくなる。そこで考え出されたのが、仮設の舞台を設けて、歌手になにか歌わせるという趣向だった。

この趣向は意外なほど大ヒットし、シャンゼリゼの野外カフェはほとんどが、飲食物と同時に歌声を供するカフェ・コンセールとなった。以前から歌手の出演するカフェや酒場はあったのだが、これらとくらべると、新しく誕生したカフェ・コンセールは野外をその出生地としていたせいか、「開放性」に特徴があった。

「カフェ・コンセールの成功した原因は、たばこを吸えること、帽子をかぶったままでいられること、この二つだった」。風俗史家のロミはこう述べている。

やがて、カフェ・コンセールは、ちゃんとした建物の中に居を定めるようになったが、この場合も、ロミのあげる特徴はそのまま保持された。つまり、カフェ・コンセールには、友人同士、あるいは恋人同士で飲み物を飲んで話にうち興じ「ながら」、同時に舞台の上の歌やショーも楽しめるという「ながら」の気楽さがあった。

この「ながら」は、従来の劇場にはないものだったから、カフェ・コンセールはたちまちパリジャンの心をとらえ、十九世紀の後半、とりわけ世紀末には、時代の気分とよくマッチして、パリの代表的娯楽と呼べるほどにまで成長した。

そして、それとともに出し物も飲食の添え物の域を脱して本格化し、たんなるシャンソンから、漫談、寸劇、アクロバットへと多様化して、歴史に残るようなシャンソン歌手や寄席芸人が輩出することとなったのである。

当時のパリのカフェ・コンセール

38 シャ・ノワール　売り物は「文化人の会話」

世紀末のパリに花咲いた酒場文化のうち、カフェ・コンセールとミュージックホールとキャバレーを区別して定義するのは案外難しい。ただこの中で、キャバレーだけは他にないひとつの特徴をもっていた。というのも、世紀末のキャバレーは、あきらかに、ひとりの男の発明になるものだったからである。

一八八一年十二月のある晩、モンマルトルのさるカフェで、ロドルフ・サリスとエミール・グドーという二人の男が落ち合った。グドーはそれなりに名を知られた文人で、パリをめぐるエッセーで今日でも読むに値するものを残しているが、サリスのほうは、画家、カリカチュリスト、風俗ライターなど、少しずつなんでも器用にこなすが、結局なにひとつものにならず、ただ、カフェで知り合いの画家や文人を相手にしゃべりまくることだけを生きがいにするボヘミアンだった。

ロドルフ・サリスの実家は蒸留酒の造り酒屋をしていたので、父親は無為徒食のせがれに多少とも安定した職をあたえるつもりで、酒場（キャバレー）でも開くなら資金と酒は出してやろうといった。

スタンラン作の「シャ・ノワール」のポスター

そこで、サリスはどんなたぐいの酒場がいいか、パリの流行には詳しいエミール・グドーに相談した。グドーは、思いつく限りのカフェ・コンセールの出し物を思い浮かべたが、これはというものはなかった。はっきりいってしまえば、舞台の出し物などよりも、客席で自分たちがエスプリをぶつけあって交わす会話のほうがよほどおもしろかった。

グドーのこの話を聞いたとき、突如、サリスの頭にひらめくものがあった。つまり彼は、舞台の愚劣な芸ではなく、文人や芸術家たちが集まる客席のエスプリのほうを売り物にした酒場というものを作ってみてはどうかと思いついたのである。この話にグドーが乗った。折よく、サリスの住むロシュシュアール大通りの近くに酒場用の貸店があった。

グドーはカルチェラタンの飲み友達の文人や画家たちを初日に引き連れてくることを約束した。店名はなににしよう。ボードレールの翻訳のおかげでインテリの間で隠れたブームを呼んでいるポーの『黒猫（シャ・ノワール）』はどうだろう。なによりも文学的薫りがあるのがいい。しかし、その前に宣伝だが、黒猫なら、ポスターは猫の画家スタンランで決まりだ。

こうして、出し物でも飲み物でもなく、「常連の文化人の会話」を売り物にする芸術キャバレー「シャ・ノワール」が誕生した。時に、一八八一年の十一月のことだった。

39　ル・ミルリトン　背徳のにおい

「シャ・ノワール」は、文化人のエスプリを売り物にして人気を呼んだが、あまり人気が出すぎたせいか、モンマルトルを根城とする地回りのゴロツキまでが好奇心を刺激されて、店に入ってくるようになった。これは、「客」によって客を呼んでいる「シャ・ノワール」にとっては由々しき事態だったので、経営者のサリスは思い切って、店を大通りの反対側にある閑静なラヴァル街に移転することにした。

サリスの売り払った店舗を買って、新しいカフェ・コンセール「ル・ミルリトン（アシ笛）」を開店したのは「シャ・ノワール」にも出演したことのある歌手のアリスティッド・ブリュアンだった。

ブリュアンのシャンソンの特徴は、「シャ・ノワール」のエスプリと洗練の逆、つまり、下層社会の卑語猥《わい》語による罵詈《ばり》雑言、上流社会の痛烈な罵倒にあった。ひとことでいえば、場末の小屋掛けでのみ、その毒を許された一種のお座敷芸だったのである。

したがって、「シャ・ノワール」と同じような高級なエスプリを期待してやってきた上流階級の客たちは、最初、ブリュアンの歌に度肝を抜かれ、唖然とした。だが、次の瞬間、客席から、喝采がわき起こった。いままで耳にしたこともないような卑語猥語で自分たちの階級が罵倒されるという感覚が、なにか非常に新しく、新鮮に感じられたからである。

上流階級の客たちにとって新鮮に思えたのは、ブリュアンの歌ばかりではなかった。ブリュアンの歌に親しみを感じて近くの歓楽街からやってきた危険な人間たち、すなわちヤクザ、ゴロツキ、ヒモ、それに最下層の娼婦たち、要するにウージェーヌ・シューの小説『パリの秘密』にでも出てきそうな人間たちが、貴顕紳士の興味をいちじるしく引きつけたのである。人殺しをしてきたばかりかもしれない連中と隣りあわせに座っているというゾクゾクするようなスリルが、新しもの好きの上流の紳士淑女を刺激した。

ブリュアンもこの対照的な客をうまく按配して、上流人士の嗜好を満たしてやり、客席との掛け合いを楽しんだ。

ゾラは「ル・ミルリトン」が上流の客を呼んだのは「背徳的なものが発散する発情期のにおい、胸をむかつかせるような汚れたものの持つあらがいがたい魅力であった」と書いている。

どんなに危険なものでも、それが「安全」ならば商品になる。ブリュアンの「ル・ミルリトン」はそのことを見事に証明したわけである。

アリスティッド・ブリュアン

40　ムーラン・ルージュ　観光客のナイトスポット

パリに関する連想ゲームをやったら、ムーラン・ルージュというのは、歓楽のパリの代名詞としてかなり上位にくるのではなかろうか。

しかし、では、ムーラン・ルージュとはどんな施設だったのかということになると、いまひとつはっきりとした答えが返ってこないにちがいない。

もちろん、昔モンマルトルの丘にあった赤い風車（ムーラン・ルージュ）を売り物にしたダンスホールだったということはだれでも知っている。だが、ルノワールの描くムーラン・ド・ラ・ギャレットの絵などと比較して考えてみれば容易に想像がつくように、ムーラン・ルージュは、踊りを楽しむために一般の男女がやってくる普通のダンスホールではないのである。

というのも、ロートレックのポスターに描かれた踊り子のラ・グリュも、逆光に浮かび上がっている踊りの名手ヴァランタン・デ・ゾセ（骨なしヴァランタン）も、店側に雇われたセミプロのダンサーで、お客ではないからだ。

ムーラン・ルージュのお客は、背景に映ったシルクハットの紳士たちである。つまり、

ムーラン・ルージュの中庭

ムーラン・ルージュは、開店のときから、踊り子の派手なフレンチ・カンカン（カドリーユ・ナチュラリスト）によって男性客を引き付けることを狙った特殊なダンスホールだったのである。

そのことは、ムーラン・ルージュが一八八九年のパリ万博にあわせて開店したことからもある程度説明がつく。

すなわち、この年、以前肉屋をやっていたジドレールという興行師が、万博見物にやってくる観光客のナイトスポットとしてつくりだした遊興施設がこのムーラン・ルージュなのである。ジドレールは、風車の下には見物を目的とするダンスホールを、また中庭には小劇場を備えたテラスを設けた。

後者は、ダンスやショーを楽しんだ鼻下長の観光客が、そのあとで娼婦たちと出会えるように工夫したものである。娼婦たちは店側で用意したわけではなく、あくまで自主的に集まってきたものだが、彼女たちを排除する意図が店側になかったことはいうまでもない。

なお、このムーラン・ルージュの中庭には、張りぼての巨大な象がおかれていたが、これはこの年の万博でブームを呼んだチュニジア館のアトラクションにヒントを得たものである。象のわきの小劇場ではチュニジアの踊り子が腰をくねらせてベリーダンスを踊ったり、ペトマーヌと呼ばれる屁《へ》ひり芸人が妙技を披露していた。

41　グランドホテル　十五もの浴室備え脚光

パリでホテルに泊まるなら瀟《しょう》洒《しゃ》な小ホテルがいいといわれるが、予算さえ許すなら「十九世紀の首都パリ」の栄華をしのべるような豪華絢《けん》爛《らん》たる大ホテルに泊まってみたいものである。しかしながら、第二帝政風の装飾華美のホテルというのは意外に数が少ない。その中でオペラ座の真ん前にあるグランドホテル（グラン・トテル）は、その名の通りの第二帝政風の大ホテルである。もちろん大幅な改装がなされているが、大食堂などには昔日の面影が残っている。

グランドホテルが建てられたのは一八六二年のこと。一八六七年に予定されている第二回パリ万国博覧会の観光客を収容するのに既存のホテルでは間に合わないことにパリ市は気づいた。

そこで建設の決まったオペラ座のすぐ前のキャピュシーヌ大通りにオペラ座と見合うような大規模なホテルを建てることを決め、サン＝シモン主義者の鉄道王ペレール兄弟が経営する不動産会社にこの土地を割り当てた。

ペレール兄弟は、第一回パリ万博のさいに、ルーヴル宮殿の前にルーヴルホテルを建て

た経験があったので、英米の観光客の喜びそうな快適で豪華なホテルを短期間のうちに建設した。それまで、パリには、バルザックが『幻滅』で指摘しているように、富裕な客が泊まるためのホテルが極端に少なかったので、この近代的ホテルは大歓迎された。

　画期的なことは、このグランドホテルが浴室を十五室も備えていたことである。といっても浴室はすべて最上階にまとめて設置されていたにすぎないが、とにかく「浴室」というもの自体がフランスでは非常に珍しいものだったので、観光客のみならず、好奇心の旺盛な裕福なパリジャンたちもここを利用するようになった。自宅に浴室を備えるという習慣がパリジャンの間に広まったのはこのホテル建設をきっかけにしている。

　一八六二年に日本人として初めてヨーロッパに渡った福沢諭吉らの幕府使節団もこのグランドホテルに滞在して、西洋式浴室で湯あみしているが、こちらはグランドホテルではなくルーヴルホテルの方である。

　グランドホテルはまた、一階に豪華なカフェ「カフェ・ド・ラ・ペ」を設けてこれを売り物にしたことでも、ホテルの在り方の先鞭をつけたといわれる。この「カフェ・ド・ラ・ペ」は、オペラ座が開場すると社交人士の待ち合わせの場所となり、パリ最大の盛り場の地位を隣のデ・ジタリアン大通りから奪うこととなった。

　これ以後もパリの盛り場地図は万国博覧会を契機にして大きく変わっていくのである。

グランドホテルの食堂

42　トラムウェイ　幸福な時代の乗り物

グランドホテルをつくった銀行家のペレール兄弟は、ナポレオン三世の命を受けて、オムニビュスと呼ばれる二階建ての乗合馬車の路線整備にも乗り出し、一八五五年に十一の乗合馬車会社を統合してコンパニー・ジェネラル・デ・ゾムニビュス（CGO）という半官半民の乗合馬車会社を設立した。これにより、パリの市域は満遍なく乗合馬車が走るようになり、それまで住民の不満の種だった街区による交通の便不便が解消された。

第二帝政が一八七〇年の普仏戦争で瓦解すると、CGOは独占を奪われ、一私企業として他の乗合馬車会社と競争を強いられるようになった。この馬車会社同士の競争は、一八八〇年代に、蒸気や圧縮空気を利用したトラムウェイ（市内乗合鉄道）が登場するに及んで、一段と熱を帯びてきた。

トラムウェイは写真で見ると、すべて黒く見えるが、実際には会社によって、緑、赤、黒などさまざまな色に塗り分けてあり、その色彩は、のちに人々の記憶の中でパリの各街区のイメージと結びついた形で回想されるようになった。

というのも、蒸気や圧縮空気利用のトラムウェイは、一九〇七年からは、全面的に乗合

当時のトラムウェイ

バスに切り替えられてしまったために、かえって、世紀末から二十世紀初頭にかけてのベル・エポックの映像と一体になり、フランスがもっとも幸福だった時代の乗り物として、パリジャンの記憶にとどめられたからである。

しかし、このトラムウェイでなによりも人々の印象に残っていたのは色彩よりも、むしろ、その音だった。

すなわち、蒸気のトラムウェイは出発するとき、まず灰色の煙をもくもくと吐きながら、ため息をつくようなシューという音を発し、それからようやく猫のうなり声のような音をたてて走りはじめた。

いっぽう、圧縮空気のトラムウェイは、まるで馬のいななきのような鋭い音で空気を二つに引き裂いて発進したが、こちらは煙は吐かなかった。

このトラムウェイは、車輪と車体のあいだに緩衝器がなかったので、その振動は、乗合馬車よりもはるかにひどいものだった。乗客は、まるで、大きな石が転がっている河原の上を走っているような揺れに悩まされた。

しかし、いったん失われてしまった後では、このトラムウェイのうるさい音もひどい揺れも、すべてノスタルジーという甘美なベールをかぶせられて、人々の回想の中でベル・エポックの思い出そのものとなったのである。

43　銀行建築　盛り場の自殺行為

盛り場には栄枯盛衰の法則性のようなものがある。すなわち、初めまったくの無人の原野のような場所だったところに、ある日、忽然と、新奇なスポットが出現する。すると、そこに、流行の先端を行くと称するファッショナブルな男女が集まってくる。次に、そのファッショナブルな人々を見ようと、ファッショナブルとは言いがたい人々が押し寄せてくる。これが盛り場としてのピークである。

だが、その結果、盛り場としての地価があがりすぎて、採算が取れないところが出てくるので、土地や店舗の売却が始まる。この時、きまって登場するのが銀行である。というのも、この時点で土地や店舗を買えるのは銀行しかないからだ。銀行は、担保価値を第一に考えて、盛り場の先物買いは控えるから、必然的に出店は盛り場のピークの時ということになるのである。

ところが、銀行というものは、夜間は営業しないのが普通なので、盛り場に銀行が増えすぎると、その盛り場は夜になると真っ暗になってしまう。これは盛り場の自殺行為である。だが、ほとんどの盛り場はこうしてみずから墓穴を掘る。

十九世紀にヨーロッパの首都として栄えたパリのそのまた首都ともいわれたブールヴァール・デ・ジタリアンが世紀末に没落したのも、まさにこの法則性にのっとったものだった。というのも、一八六〇年代から世紀末にかけて創設されたバンク・ナショナル・ド・パリやクレディ・リヨネなどの市中銀行は、売りに出されたブールヴァール・デ・ジタリアンの有名なカフェやレストランの跡地を買い取って、ここにステータスシンボルとしての本店を設けた。だが結局この銀行の出現がブールヴァール・デ・ジタリアンの命取りとなり、衰退を早めることになってしまったからである。

しかしながら、今日の目からみると、十九世紀の栄華の頂点でつくられたこれらの銀行建築は、とりわけその内装において注目すべきものがある。

というのも、デパート建築とはちがって、銀行建築は時代の流行を取り入れた改修がほとんど行われなかったので、十九世紀の伝統的内装のエッセンスを集めた内装博物館の感があるからだ。おまけに、こうした「銀行博物館」は両替でもすれば「ただ」で入場できる。

十九世紀パリのノスタルジー・ツアーの際には、ぜひこの銀行本店巡りを組み込まれることをお勧めする。とりわけ、エッフェル塔のギュスターヴ・エッフェルが鉄骨を担当したクレディ・リヨネ本店は一見の価値がある。（クレディ・リヨネ本店はその後火事で焼失）

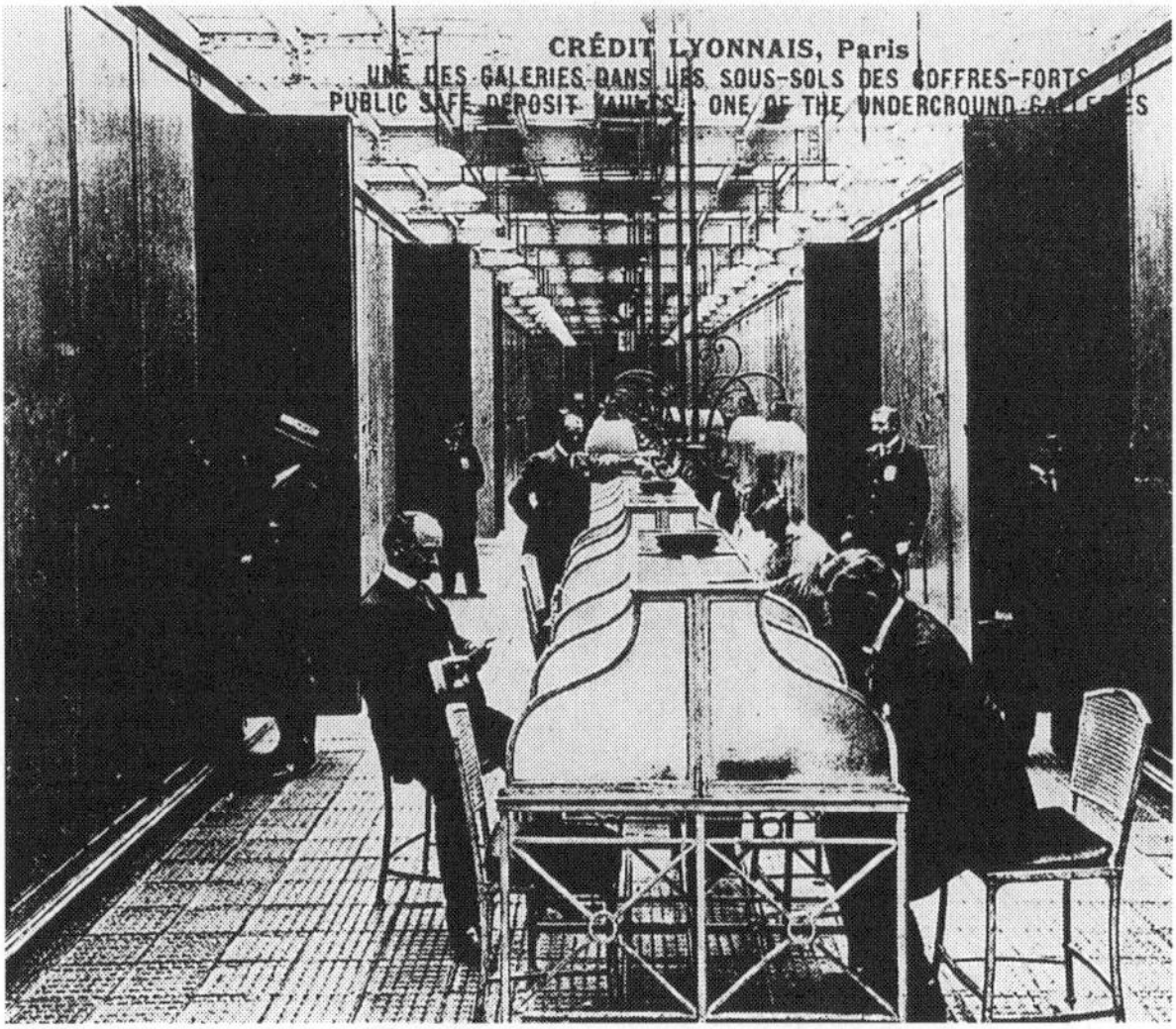

クレディ・リヨネ本店の当時の内部

44 豪華客船 パリへの夢かきたてる

サン＝シモン主義者の銀行家ペレール兄弟は、第二帝政期に鉄道、乗合馬車会社、ホテルなどを次々に手掛けたことで知られる実業家だが、兄弟が起こしたもうひとつの事業に大西洋汽船会社トランザトランティックがある。

一八五五年に母体が築かれたトランザトランティックは一八六二年から大型の蒸気船によるフランス―西インド諸島およびフランス―メキシコの定期航路を開設した。この二つの航路が最初に選ばれたのは、トランザトランティックの設立が、イギリス帝国主義に対抗するフランス帝国主義の一環として位置付けられていたことを物語っているが、文化史的にみると、帝国主義の結果よりもむしろ、トランザトランティックのもたらしたさまざまな副産物のほうに興味が向かう。

そのひとつは、一八六四年にル・アーブル―ニューヨークの定期航路が設けられて以来、フランスを訪れるアメリカ人が飛躍的に増大したことである。きっかけになったのはパリで数度にわたって開かれた万国博覧会であるが、文化的な影響は次の世代に現れた。すなわち、万博見物でアメリカ人たちが故国に持ち帰ったパリの思い出がその子供たちの心に

トランザトランティックを紹介する当時のポスター

「芸術の都パリ」という夢をかきたてることになったのである。

アメリカ人女流画家メアリー・カサットはその典型で、パリ旅行の経験を持つ父親から聞かされた夢を実現すべく、一八六八年にトランザトランティックでフランスに渡り、印象派の運動に加わった。

一八七〇年代からは、アメリカの国力が高まったこともあって、作家や画家の間では、トランザトランティックでパリに旅行することが流行となった。マーク・トウェーンをはじめとして、ほとんどのアメリカ人作家がパリを訪れて旅行記を書いている。やがて、この旅行記に刺激された作家や画家の卵が第一次世界大戦であこがれのパリを訪れ、ロスト・ジェネレーションの文学を生み出すことになる。

トランザトランティックはアメリカ人旅行者の爆発的増加に気をよくして超豪華客船ノルマンディー号の建設にとりかかったが、ノルマンディー号が完成した一九三二年には、大恐慌でアメリカ人観光客はすでに激減したあとだった。

一九三九年には第二次世界大戦が始まり、トランザトランティックも休業に追い込まれた。三年後、ニューヨークの港に避難していたノルマンディー号は火災を起こして転覆。これにより大西洋航路の豪華客船の時代も終幕を迎えた。

45　電話　恋人をつなぐ愛の糸

グラハム・ベルが一八七六年に発明した電話は、一八七八年のパリ万博で早くも改良型のタイプが登場し、文明の利器として人々の注目を集めたが、フランスでは普及するまで思いのほか時間がかかった。

それでも、パリでは、万博の翌年に、三つの会社によって電話網が設けられていたのだから、民間の企業に進取の気運がなかったわけではない。

電話にたいして関心が薄かったのは、政府のほうである。というのも、このころ、内務省管轄の電報局と大蔵省管轄の郵便局を統合して郵便・電報省をつくる話が進められていたので、電話網を整備するということにまで当局の考えが及ばなかったからである。

そのため、フランスの電話網は十九世紀の末まで他国に比べてかなりのおくれを取ることになった。

新聞王のジラルダンは電話の便利さに注目して真っ先に電話に加入した一人だが、電話をかけたい相手がまったく加入しなかったので、ほとんど使いものにならなかったといわれる。

これに対し、ドイツでは郵政大臣のハインリッヒ・フォン・シュテファンが電話の重要性を正しく認識していたので、電話網は急速に整備されていった。やがて、第一次世界大戦当初の情報戦でドイツは圧倒的な優位を保つことになるが、それはまさにこの独仏の電話網の差だったと伝えられている。

フランスの電話網の整備になんとか目鼻がつき始めたのは、一八九一年に経営が民間から国家の手に移って、郵便・電報・電話省（ＰＴＴ）となってからのことにすぎない。しかし、整備には時間がかかったが、電話は、確実に人々の生活習慣や意識を変えていった。プルーストの『失われた時を求めて』には、電話が恋人たちの愛のゲームの中に早くも取り込まれ、遠く離れた恋人をつなぐ愛の糸となったり、あるいは逆に不実を隠すためのアリバイとして使われたりしている。これは、相手の肉声をじかに聞くことができるという電話のもつ官能性が、初期段階から、恋人たちによって察知されていたからにちがいない。

フランスの電話の交換手には、当時としては例外的に最初から若い女性が使われたが、あるいは、当局もこうした電話の官能性に気づいていたのかもしれない。つまり、交換手を若い女性にすれば、電話の加入者が増加するのではないかという思惑があったのではなかろうか。

電話で話し合う男女を描いた、当時の戯画

46 映画 驚異への「夢」を売る

一八九五年の三月、パリはキャピュシーヌ大通りのグラン・カフェで、ルイとオーギュストのリュミエール兄弟は、「シネマトグラフ」と銘打った活動写真のデモンストレーションを行った。通例、これをもって映画元年とする。

しかし「動く映像」ということであれば、映画の歴史はこれよりもさらに六十年以上も前にさかのぼる。というのも、一八三二年にベルギーの技師プラトーはすでに網膜の残像現象を利用した一種のアニメーション「フェナキスティスコープ」を発明しているからである。

描いた何枚かの絵を円形の壁に張って回転させるという簡単な原理に基づくものだったが、それでも動く映像が珍しかったのか、「ファンタスコープ」の名前でヨーロッパ各地を巡業して、ある程度の成功を収めた。

この例からもわかるように、動く映像を「生み出す」ということは意外に簡単だったが、その逆に現実の動きを「分割して記録」するのは容易なことではなかった。なぜなら、初期の銀板写真では、動きを分割して撮影するのは不可能だったからである。

当時のシネマトグラフのポスター

映画の発明を可能にしたのはセルロイドの発明だった。すなわち、フランス人マレーは帯状になった「セルロイド・フィルム」を使って、印画紙の入れ替えなしで「動き」を連続撮影する装置を発明した。しかし、せっかく連続撮影されたこの「クロノフォトグラフ」も等しい時間間隔をおいて映写することが困難だったので、商業ベースには乗らずに終わった。

問題の解決は海のむこうのアメリカからやってきた。発明王エジソンがセルロイド・フィルムの両わきに連続した穴をうがつことで、ついに原理的な映画「キネトスコープ」を完成したのである。

ところが、このキネトスコープはスクリーン映写方式ではなく、客が一人でフィルムを見るのぞき眼鏡方式だったので、映像の迫力に欠け、エジソンの期待したような評判は呼ばなかった。

これにたいし、リュミエール兄弟のシネマトグラフは、駅に入ってくる機関車などのダイナミックな映像を、大きなスクリーンに映しだしたので、なににもましてセンス・オブ・ワンダーつまり「驚異の感覚」を人々の心に引き起こした。じつは、これこそがリュミエール兄弟の「発明」だったといってよい。

以来、映画はセンス・オブ・ワンダー、いいかえれば驚異への「夢」を売ることをみずからの存在理由とするようになったのである。

47　サクレ＝クール寺院　春と希望の先駆け

一八七三年、フランス国民議会は、普仏戦争の戦没者を慰霊し、国家の救済を祈願する新しい教会をモンマルトルの丘に建設しようというカトリック議員の提案を賛成多数で可決した。

この年は反動のあらしが吹き荒れた一年で、共和右派のチエール大統領が罷免され、保守派のマクマオン元帥が大統領に選ばれたばかりか、共和制の廃止と王政復古が国民議会で決議されるほどに守旧派の勢力が強くなっていた。

王政復古は、幸か不幸か王位継承者のシャンポール伯が「三色旗のもとでの王政」という議会の出した条件をのまなかったため、結局取りやめとなったが、モンマルトルのサクレ＝クール寺院のほうは予定どおり建設が開始された。

モンマルトルはパリを見下ろす一番高い丘であるうえに、「殉教者の丘」という意味なので、たしかに救国の教会の立地としては最高だった。だが、いっぽうでは、パリ・コミューンの際、叛徒が立てこもって全滅した場所でもあったので、左派からは、ここにサクレ＝クール寺院を建設することはコミューンの犠牲者を冒瀆《ぼうとく》するものだという非難があがった。

しかしながら、工事を大幅に遅らせたのは、こうした反対ではなく、たんなる地盤の悪さだった。というのも、モンマルトルの丘はローマ時代からの採石場で、穴が縦横に掘られていたので、地盤はハチの巣のような状態になっていたからである。その結果、工事は予想よりもはるかに長引き、現在のようなバジリカ型の寺院が完成したのは四十年後の一九一四年のことだった。

ポール・アバディの設計になるローマ・ビザンチン様式の寺院がモンマルトルの丘に姿をあらわしたとき、パリジャンでこれを美しいと感じたものは一人もいなかった。

にもかかわらず、サクレ＝クール寺院は、やがてパリ名物の一つとして世界中の人々に親しまれるようになった。

それは、ひとえに、建築素材として選ばれた石灰石の白さのためだった。というのも雲にとざされていたパリの空に太陽が顔を出すとき、サクレ＝クール寺院は陽光を一身にあつめて真っ先に輝き出すからである。

とりわけ憂鬱な冬が終わりに近づくころには、サクレ＝クール寺院のまばゆいほどの白さはパリジャンにとって春と希望の先駆けと感じられる。

青い空にサクレ＝クール寺院、それにすそ野のムーラン・ルージュ、モンマルトルの丘は、まさに三色旗（トリコロール）の象徴と言っていい。

建設中のサクレ＝クール寺院

48 アレクサンドル三世橋　国際関係配慮し命名

一九〇〇年の万博開幕式には、あわせてアレクサンドル三世橋の除幕式も行われた。アレクサンドル三世橋は、万国博の理念である芸術・科学・商業・工業をあらわす寓意的な彫像が欄干にならび、現在、セーヌにかかる橋の中でもっとも風情のある美しい橋といわれているが、今日のわれわれからすると、ひとつだけ理解に苦しむことがある。それは、なぜこの橋が「アレクサンドル三世橋」と呼ばれなければならないかということである。

ロシア史をひもといてみればわかるように、アレクサンドル三世は、兄のアレクサンドル二世が始めた諸改革をすべてご破算にしてしまった保守・反動の権化であり、ロシア革命はこの暗愚な皇帝の失策によって準備されたとさえいわれている。つまり、「自由・平等・友愛」のフランス共和国が、万博の象徴であるこの橋に、およそ

アレクサンドル三世橋の、当時のパノラマ写真

不釣り合いなアレクサンドル三世の名前を与えたのは、いかにも面妖《めんよう》な感じがするのだ。

しかし、当時のフランスとロシアの国際関係を頭にいれればすべての疑問が氷解する。すなわち、普仏戦争に敗北したあと、フランスは、オーストリア、イタリアと同盟関係を結んだドイツに対抗して、クリミア戦争の敵国であったロシアと急速に接近し、一八九一年には政治協定を、一八九四年には軍事同盟を結ぶにいたった。

このとき、露仏同盟の成立を記念して、新しい皇帝ニコライ二世に、この新しい橋の定礎者となる名誉とともに、彼の父親の名前を橋に付けるという最高のプレゼントを与えたのである。これは、フランスの習慣からすればまさに例外的な好遇であった。

　この一例によって象徴されるように、一八九一年から一九一七年のロシア革命まで続いた露仏の同盟関係は、世紀末からベル・エポックにかけての時代に有形無形の影響を与えていた。

　そのもっとも大きなものは、当然ながら第一次世界大戦の開始だが、そのほかにもう一つディアギレフのロシアバレエ団がこの同盟の御利益を受けてパリにやってきたことをあげなければならない。というのも、芸術史では、ロシアバレエのしなやかな肉体の跳躍と色彩の乱舞によって二十世紀のモダンアートが花開いたというのがほぼ定説になりつつあるからである。

　この意味では、一九〇〇年に建立されたアレクサンドル三世橋は、まさに、十九世紀と二十世紀を分ける境目となっているといっていい。

49　エッフェル塔　美と無縁の「異物」扱い

世紀末のパリに起こった最大の事件はエッフェル塔が「建ってしまい」、そのまま「残った」ことだろう。というのもエッフェル塔は当時の美学からすればあきらかに「異物」だったからである。

一八八四年、きたる一八八九年のパリ万博の呼び物として、高さ三百メートルの前代未聞のモニュメントをシャン・ド・マルスに建設することが発表された。橋梁建築で名声を勝ち得ていたギュスターヴ・エッフェルの事務所でもコンペに参加しようという声があったが、エッフェル自身は興味をしめさず、事務所の二人の技師がコンペ案を練るのを黙認するにとどめた。しかし、二人が建築家ソーベストルの協力を得て改良プランを提出するとエッフェルは突如考えを変えた。彼ら三人からプランと特許を買い取って、自分の名前でコンペに参加することを決めたのである。

コンペは一八八六年に開かれたが、エッフェルの塔は、最有力視されたブールデの「太陽の塔」を蹴落とし、見事第一席に選ばれた。パリ全域をアーク灯で照らすという石造りの「太陽の塔」が膨大な費用と日数を必要とするのに対し、エッフェル塔は予定期間内に建築可能で、費用もかからないというのが選考理由だった。

しかし、いよいよエッフェル塔の計画が発表されると、パリに鉄骨の塔など似合わないとする反対運動が起こり、モーパッサンなど三百人の文化人が反対署名に名を連ねた。

これに対して、エッフェルは、技術的に優れたものには機能美というものがあると反論した。できあがったエッフェル塔は、万博では予想外の大成功を収めたが、その実、これを美しいと感じる同時代人はほとんどいなかった。

一九〇〇年の万博では、塔のまわりを他の建築物で囲んで見えなくする改造案も提出されたほどだった。しかし、この案は真剣に検討されなかった。というのも、エッフェル塔は建設されて二十年後の一九〇九年には取り壊される約束になっていたからである。

エッフェルはなんとか塔を残そうとして、気象観測などに利用できることを証明しようと躍起になったが、取り壊しの期限は刻々と迫っていた。そんなとき、ついに救いの手が現れた。軍が開発中の無線電信にエッフェル塔が役立つことがわかったからである。

こうして「異物」エッフェル塔は世紀を超えて残った。

やがてアポリネールのようにエッフェル塔を美しいと感じる感性が現れた。このとき、本当の意味で二十世紀が幕を開いたのである。

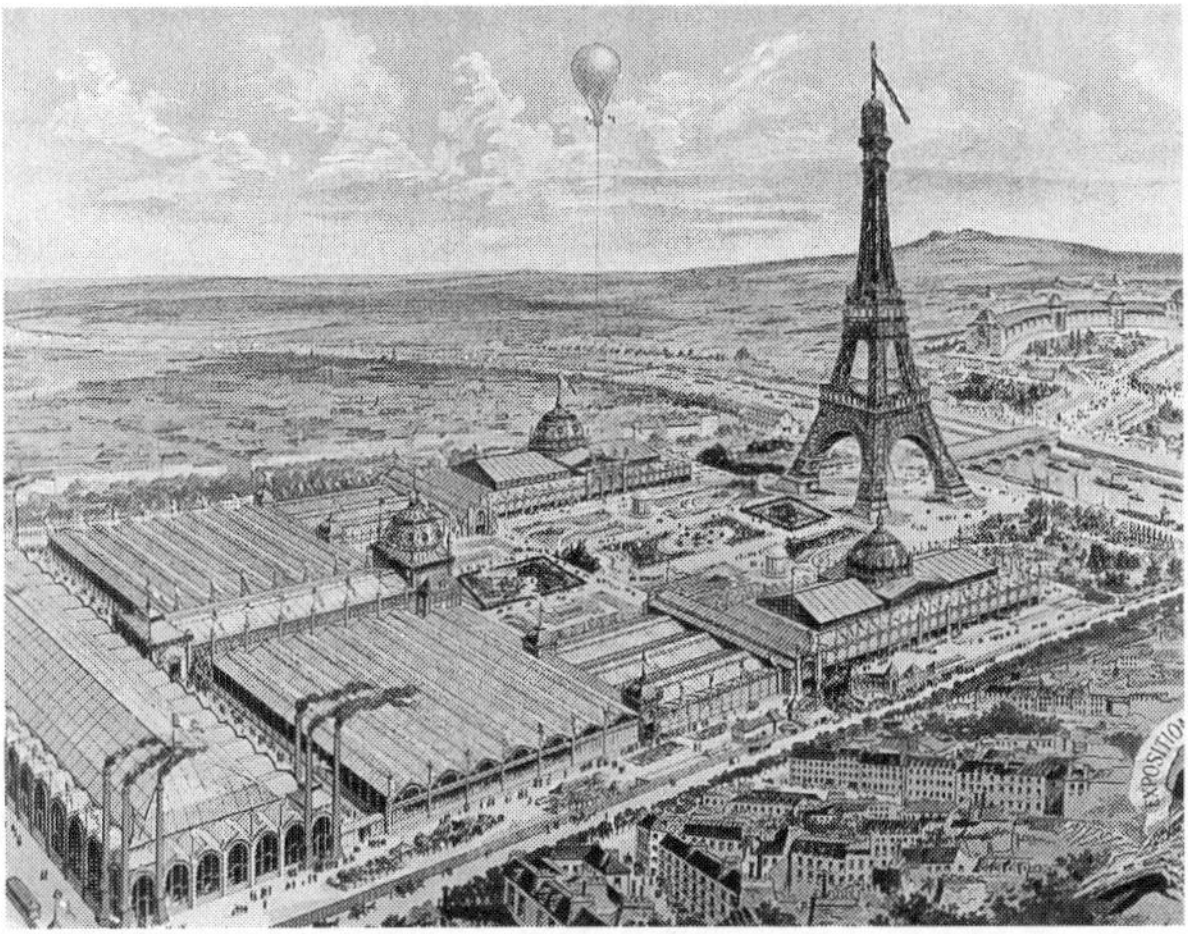

1889年のパリ万博会場の絵ハガキ

第2章　橋上のユートピア

1　ドフィーヌ広場の入口から眺めたポン＝ヌフ

ヘンドリック・モマーズ HENDRIK MOMMERS

河川を中心に発達したヨーロッパの都市にはなぜか美都が多い。パリはその代表的な例で、パリからセーヌ川を取ってしまったら何も残らないとさえいわれるほどである。なかでもセーヌ川に架かる橋は画家の絵心を刺激したらしく、橋の絵には名作が少なくない。

オランダ人画家ヘンドリック・モマーズのこの絵は、一六〇六年に完成した最初の石造の橋ポン＝ヌフからセーヌ下流を望んだもので、後に大量に生産されることになるパリ名所図絵の先駆けとなるものだが、一点透視図法のこの構図は、気谷誠氏の指摘によれば、たんに当時流行の空気遠近法を応用したというだけのものではなく、あきらかに、一つの政治的な意図に基づいていたらしい。すなわち、セーヌ川が空と交わる消失点に浮かび上がるようにして配置されたブルボン王朝の開祖アンリ四世の騎馬像は、絶対君主制をパリに重

ヘンドリック・モマーズ「ドフィーヌ広場の入口から眺めたポン＝ヌフ」

ね合わせて、民衆の心に強く焼き付けるサブリミナル（潜在意識的）な働きをもっていたのである。

なお、現存最古の橋になったポン＝ヌフはシテ島に架かる橋としては、両側に建物のない珍しい橋で、セーヌ川が見渡せるということもあって、人気を集め、人通りも多かった。そのせいか、移動式の見世物小屋や露店が客を集めているのが見える。

（一六六五年から一六六九年の間、油彩、カンバス、七八・五×九七・五センチ、パリ、カルナヴァレ美術館蔵）

2　ポン＝ヌフ

オーギュスト・ルノワール AUGUSTE RENOIR

ちょっと見ただけでは、作者が特定できないかもしれないが、空の雲と橋の舗道の明るい輝きに目をとめれば、これが、まぎれもないルノワールの幸福な「光」であることは容易に想像がつく。

実際、夏が来て、このポン＝ヌフの上に立ち、光り輝くセーヌの川面とパリの空を眺めてみれば、ルノワールならずとも生きていることの幸せを実感しないわけにはいかない。

この絵が描かれたのは一八七二年の初夏でパリ・コミューンの衝撃からまだ一年しかたっていないが、ルノワールは、パリジャンたちがポン＝ヌフにさしかかる瞬間に感じる「一日の小さな幸福」をようやく思い出しつつあることを直感したにちがいない。だからこそ、セーヌを俯瞰《ふかん》する構図をとらずに、散策する人や馬車が行き交う橋の上に焦点を合わせ

オーギュスト・ルノワール「ポン＝ヌフ」

た絵柄にしたのだろう。陽光を浴びているドフィーヌ広場の建物と向き合う形で右端にアンリ四世の銅像が小さく見える。
（一八七二年、油彩、カンバス、七五×九四センチ、ワシントン、ナショナル・ギャラリー蔵）

3 ノートル＝ダム橋とポン＝ト＝シャンジュの間で行われた船乗りたちの水上槍試合

ラグネ JEAN-BAPTISTE-NICOLAS RAGUENET

一七八六年以前にはノートル＝ダム橋やポン＝ト＝シャンジュ（シャンジュ橋）などでは、フィレンツェのポンテ・ヴェッキオと同じように両側に五階建ての建物がびっしりと立ち並んで、一種の橋上都市を形成していた。一階はすべてが商店で、にぎわいはパリでも一、二を争うほどだった。

ラグネはアンシャン・レジーム期のセーヌの橋を描いては右に出るもののない親子二代の風景画家で、とりわけデッサンの正確さには定評があり、資料としての価値は高い。

橋の手前に描かれているのはノートル＝ダムの揚水ポンプで、汲み上げた水をパリの各地点にある給水泉に供給していた。

水上槍試合は、両方の橋の中

ラグネ「ノートル＝ダム橋とポン＝ト＝シャンジュの間で行われた船乗りたちの水上槍試合」

間にあるポイントを先に制した組が勝ちという決まりだったが、中世のような本当の殺し合いではなく、槍の先にはタンポがついていて、他の船の船頭を水中に落とすだけというルールになっていた。真ん中の船に乗っている船頭は女性のようだ。

（一七五六年、油彩、木にのり付けしたカンバス、六〇×九七センチ、パリ、カルナヴァレ美術館蔵）

4　ノートル＝ダム橋の建物の破壊

ユベール・ロベール HUBERT ROBERT

ノートル＝ダム橋とポン＝ト＝シャンジュの両側にあった建物は一七八六年の勅令ですべて取り壊されることに決まった。

橋上の建物は計画的に建てられたもので、両端には立派な凱旋門まであり、決して不統一な建物だったわけではないが、火事の危険と通行の障害を理由にあげた取り壊し派が勝利を収めたのである。

ユベール・ロベールは廃墟の画家として知られ、ルーヴル宮殿の空想廃墟絵まである。そんな彼が、ノートル＝ダム橋の建物撤去を見逃すはずはなく、見事な「橋上の破壊」絵を完成した。橋の手前側はきれいに

ユベール・ロベール「ノートル＝ダム橋の建物の破壊」

取り除かれているが、向こう側には何軒か切妻屋根の建物が残っていて、破壊を待っている。建物の撤去で生まれた空隙《くうげき》からは、まだ破壊されていないポン＝ト＝シャンジュの建物が見える。

セーヌ川に浮かんでいるのは洗濯船である。当時パリには上下水道がなかったので、女たちはこの船にやってきて洗濯をしたのである。

（一七八六年、油彩、カンバス、八六×一五九センチ、パリ、カルナヴァレ美術館蔵）

5　サン＝ルイ島の眺め、夕暮れ

アンリ・ルソー　HENRI ROUSSEAU

ルソーの絵は素朴な写実のように見えていささかもリアリズムではなく、かといって緻密な計算に基づくシュール・レアリスムでもない。この作品もその典型である。

まず題は「サン＝ルイ島の眺め、夕暮れ」となっているが、位置関係からするとどうみてもカルーゼル橋のたもとからポン＝デ・ザールとシテ島を遠望したものである。タイトルを「サン＝ルイ島からの眺め」と強いて訳すにしても同じように位置関係が合わない。

ただ、手前の広々とした土手はたしかにサン＝ルイ島を眺めるのに適したベルナール河岸のものらしい。あるいはルソーは夢の中でのように二つの景色を「合成」して、自分の夢想を楽しんでいるのかもしれない。

つまり、まず歩道橋として親しんでいるポン＝デ・ザールを手前に渡し、ノートル＝ダムの見える「シテ島」を、音の響きのいい「サン＝ルイ島」の位置に置くという具合に。

人が一人ぽつんと

アンリ・ルソー「サン＝ルイ島の眺め、夕暮れ」
（一八八八年）

立っている左中景の土手の明るさも異様である。

6 ロワイヤル橋とフロール館

カミーユ・ピサロ CAMLLE PISSARRO

カミーユ・ピサロ最晩年の作。そのことはこの作品の視点がヴォルテール河岸の建物の上階にあることから判断がつく。というのも、ピサロは晩年、目を痛めて野外写生を断念せざるをえなくなり、せめて窓から画題を求めることのできる住居をと、パリ市内を転々としたあげく、最後にヴォルテール河岸のこのホテルに居を定めたからである。

逆にいえば、数あるパリの風景の中でも、ロワイヤル橋とフロール館を見渡すこの眺めがことのほか気にいったということである。彼は息子のリュシアンに「ここからの景色は光を表現するには最適だ」と書きおくっている。

季節は、ポプラの芽が赤いところから見てまだ初春のようだが、画面には暗く厳しいパリの冬をやっと抜け出した解放感が満ちあふれ

カミーユ・ピサロ「ロワイヤル橋とフロール館」

ている。

病床で回復を待つピサロとしては、春の「生命の光」がセーヌのこの橋の向こうからやってくるような気がしたのだろう。フロール館はルーヴルの端にあり「花」を意味している。

（一九〇三年、油彩、布、五四・五×六五センチ、パリ、プチ・パレ美術館蔵）

7 プチ＝ポン

シャルル・メリヨン CHARLES MERYON

パリの橋に憑《つ》かれた画家といえば、この人、シャルル・メリヨンをおいて他にない。メリヨンはボードレールと同年に生まれた銅版画家。異様な迫力をもってオスマン改造以前のパリを描いた銅版画の連作で『悪の華』の詩人に高く評価されたが、最後は精神病院で息を引き取った。

メリヨンがボードレールに語ったところによると、無意識のうちに描いた橋桁の影（画面中央左）に、スフィンクスの横顔が現れていることに気づいて愕然としたという。というのも、スフィンクスとは、メリヨンの被害妄想の源だったナポレオン三世のあだ名だったからである。なお、ここに描かれたプチ＝ポンとオテル＝デュ（市立病院）も、ナポレオン三世の命を受けたオスマン男爵によって作り変えられ、現在ではまったく原形をとどめていない。

画面下左に見える船は病院の包帯を洗う洗濯船なのだろう。陰になったノートル＝ダム

シャルル・メリヨン「プチ＝ポン」

が、烈日を浴びた病院の壁と鋭い対照をなしているのが印象的。（一八五〇年、エッチング、二五・五×一八・三センチ、パリ、カルナヴァレ美術館蔵）

8 雪のノートル＝ダム

アルベール・マルケ ALBERT MARQUET

マルケはフォーヴ（野獣派）の中では、好んでパリの橋を描いた画家として知られる。マチスと共同のアトリエをサン＝ミシェル河岸に借りていたので、この視点からの構図の絵が何枚かあるが、雪の白さと冬空の鉛色、凍てついたセーヌと遠景に霞むノートル＝ダムを巧みに対比させたこの作品はとりわけ傑作の呼び名が高い。

冬のパリ風景を一枚ということだったら、躊躇《ちゅうちょ》することなくこの絵を推す。

メリヨンの「プチ＝ポン」と比較してみるとよくわかるのだが、セーヌ県知事オスマン男爵の改造以後は、市立病院が別の場所に移されてノートル＝ダムの前の広場が大きくなり、プチ＝ポンも橋桁がなくなっている。その分、雪の白さと空の広さが目立つ。セーヌに浮かぶはしけと並んで雪をかぶっているのは河岸のブキニスト（古本屋）のブリキの箱である。オスマンの改造で生まれた新しいパリの新しい心象風景の中で、「遥かなるノートル＝ダム」がわれわれの心をうつ。

アルベール・マルケ「雪のノートル＝ダム」

（一九〇九—一〇年、油彩、カンバス、八五×六〇センチ、パリ、パリ市立近代美術館蔵）

9　イエナ橋付近のセーヌ川、雪の日

ポール・ゴーガン PAUL GAUGUIN

この絵は大変な珍品である。まず、これが株式仲買人時代のゴーガンの作品であること。株式仲買人としてきわめて優秀だったゴーガンは稼いだ金で絵画のコレクションを始め、ついで写真家になったが、それでも飽きたらず、独自に絵画を学んで、サロンに出品するようになった。

サロン初出品が一八七六年だから、この作品はそれよりも一年前、本当のアマチュア画家時代のものである。後年のタヒチの原色を思わせるものはなにもなく、すべてが陰鬱にくすんでいる。技法的には遠近法や立体感を捨て切れず、印象派の理論に与《くみ》していない。それにイエナ橋が画

ポール・ゴーガン「イエナ橋付近のセーヌ川、雪の日」

題に選ばれているのも珍しい。

　というのも、当時、イエナ橋の両岸にはまだ、エッフェル塔もトロカデロ宮もなく、殺風景きわまりないロケーションだったからである。あるいは、ゴーガンの満たされぬ野心が冬の暗い風景を探しだし、そこに己自身を投影しようとしたのかもしれない。

（一八七五年、油彩、カンバス、六五×九二・五センチ、パリ、オルセー美術館蔵）

10 ヨーロッパ橋

ギュスターヴ・カイユボット GUSTAVE CAILLEBOTTE

この橋はセーヌに架かる橋ではなく、サン＝ラザール駅から発する鉄道の跨線橋である。カイユボットはマネやモネとともに、サン＝ラザール駅や鉄道を好んで描いた画家だが、新しい題材には新しい構図をという意気込みからか、およそ画題にはなりそうもない重厚で威圧的な鉄の骨組みを、画面に斜めから大きく切り込ませるという大胆な試みに出ている。

橋の下を通っているのは、セーヌのゆったりとした水の流れではなく、疾駆する機関車なのだから、これぐらいの力動感は必要だと判断したのだろう。

橋の下を眺めている男は上っ張りを着ているところから見て労働者のようだが、この手の「橋上の人」の構図

ギュスターヴ・カイユボット「ヨーロッパ橋」
（一八七六年、油彩、カンバス、一三一×一八一センチ、ジュネーブ、プチ・パレ美術館蔵）

は一種の本歌取りのことが多く、かならずしも写生ではない。
　歩いてくる男女はサン＝ラザール駅の背後に新しく分譲されたヨーロッパ街区の住人なのだろう。この地区は妾宅が多かったので、もしかするとその手のカップルなのかもしれない。

第3章　失われたパリを求めて

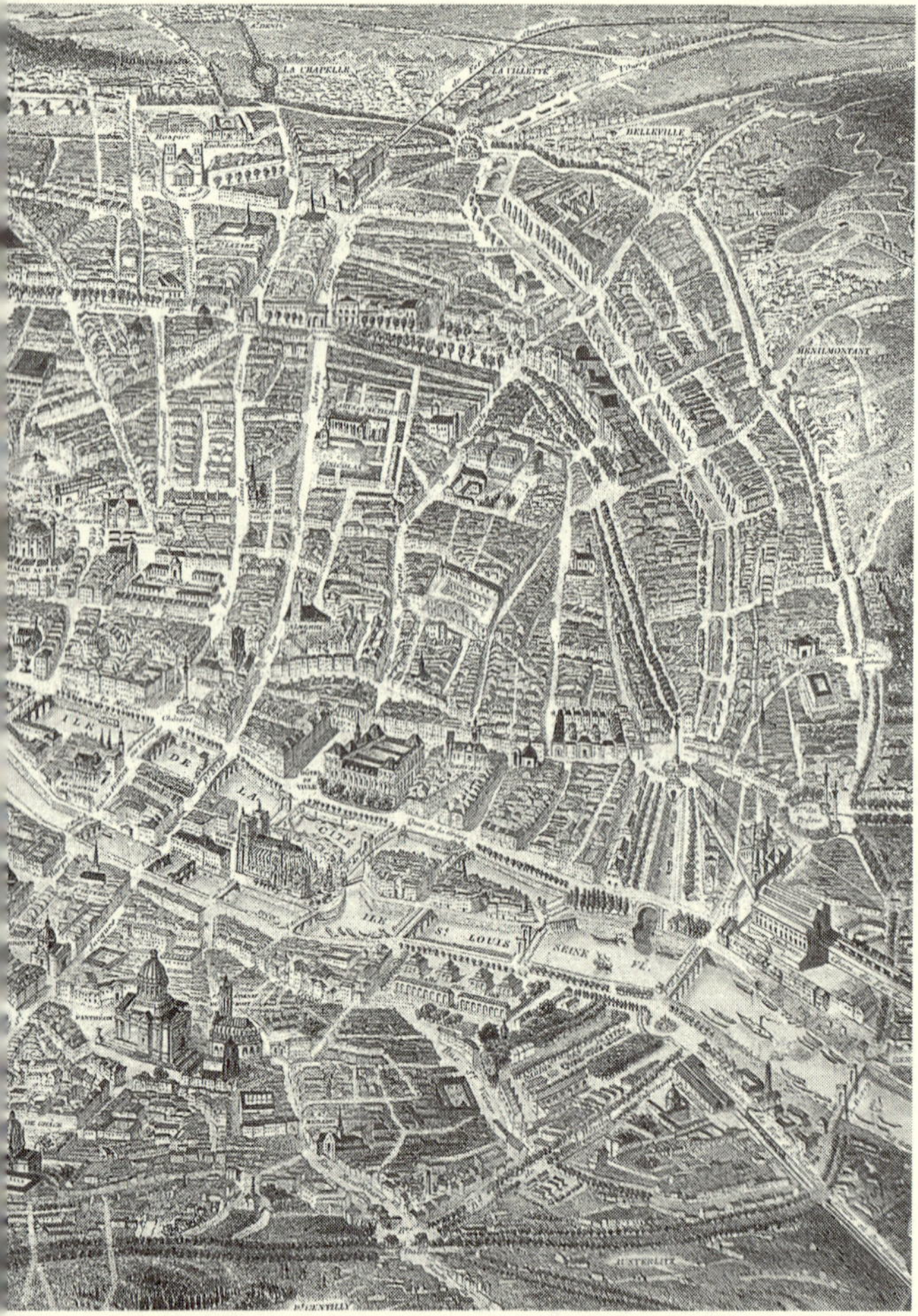

LA CHAPELLE
LA VILLETTE
BELLEVILLE
MENILMONTANT
ILE
DE
LA
CITÉ
ILE
St LOUIS
SEINE
FL.

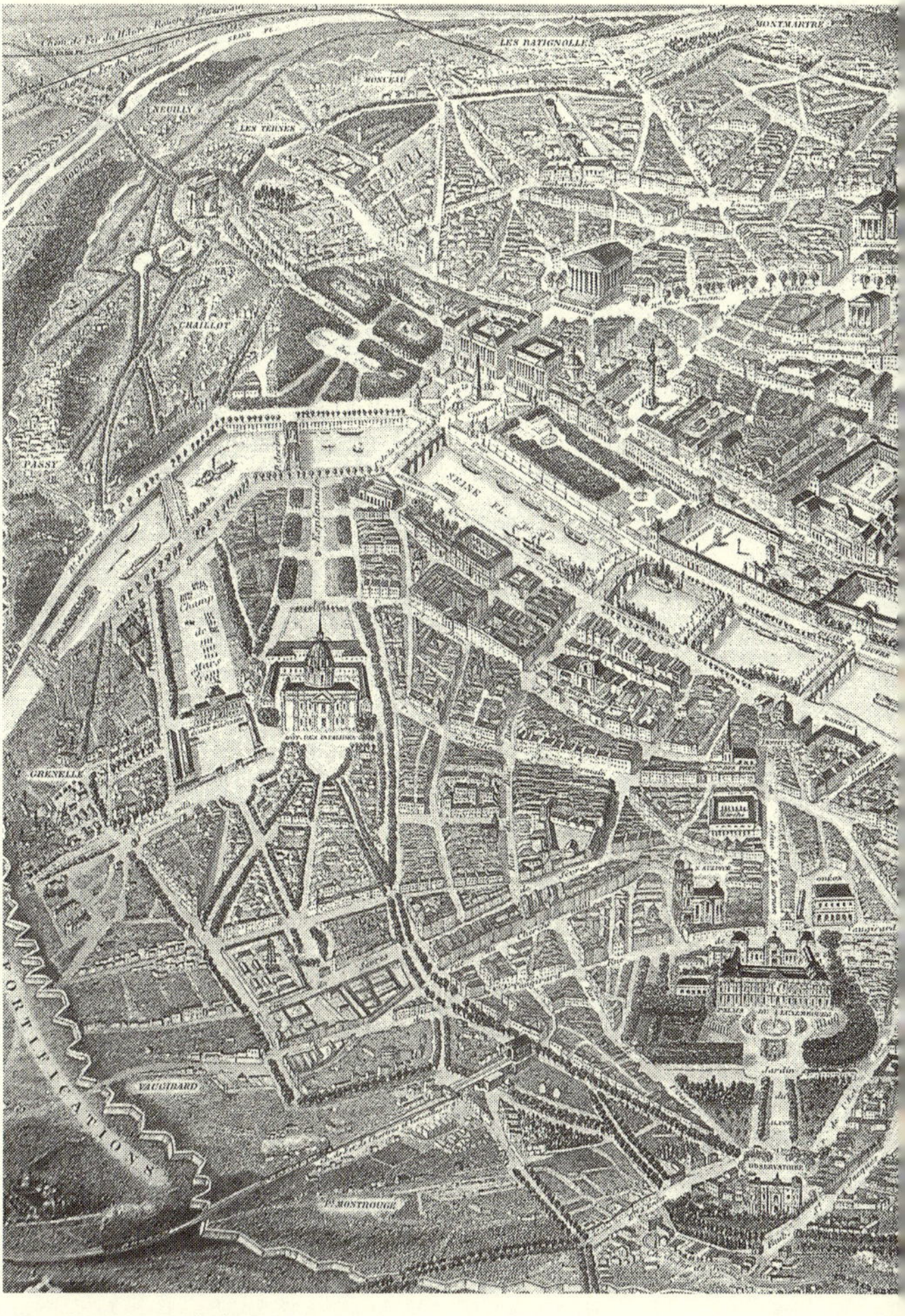

1853年頃のパリ鳥瞰図

ナポレオン三世の見果てぬ夢　オスマン改造以前・以後のパリ

天気のいい日にノルマンディーの方面から高速十三号線を通って、ムードンの丘の頂上に達すると、まさに、忽然という感じで、眼下に、陽光を浴びて白く輝くパリの全景があらわれる。この瞬間の感動は、最高の芸術作品か、あるいは絶世の美女を前にしたときのそれと寸分たがわず、口をついて出るのが「やっぱり、パリは世界一だ！」という、いたって平凡な感想でしかないのがもどかしい。

しかし、こんなに素晴らしいパリも、いまから百四十年ほど前までは、老残の浮かれ女のように、かつての輝かしい色香も失せ、厚化粧をほどこした盛り場を除くと、近くでは二目と見られぬ醜悪な有り様を呈していた。

初めてパリを訪れた観光客は、かねて伝え聞いていた「十九世紀の首都」の評判との落差に思わず落胆の声をあげざるをえなかった。

＊ルイ＝ナポレオンの夢想

一八四八年の二月の末、二月革命の叛徒に追われるようにパリを去ったルイ＝フィリップ王と入れちがいに、貸し馬車に乗った一人の中年男がサン＝ドニ門から市内に入ってきたが、この男の目にも、パリは美しいどころか、むしろ吐き気を催すような都としか映らなかった。

特徴のある口ひげをマフラーで覆い隠すようにしながら、馬車の窓からバリケードを見つめる四十男は、まるで疫病で汚染された都市に入る検疫官のように、パリの空気を吸い込むまいとじっと息をとめていた。

それもそのはず、亡命地のスイスやイギリスの清浄な空気に慣れたこの謎の人物の肺と鼻には、パリの空気は、耐え難い瘴気と臭気を含んでいるように思われたからである。彼にとって、住民たちが、悪臭漂うこんな不潔な環境の中で平然と暮らしていること自体が大きな驚きだった。

狭くて暗い路地にびっしりと建て込んだ陋屋、歩道もない敷石道の中央のドブに溜まった泥水、窓から投げ捨てられたまま腐って臭気を発している生ゴミ、その生ゴミが馬車の車輪に踏み潰されて微粒子となり敷石の上に厚く堆積した真っ黒な泥濘、どれひとつを取っても花の都パリというイメージにはほど遠い眺めばかりである。

だが、後にナポレオン三世と呼ばれることになるこの男、すなわちルイ＝ナポレオン・ボナパルトにとって、パリの陰鬱な光景は、意気消沈させる眺めであるどころか、自らの大いなる野心の正当性を確信させるに足るものだった。というのも、ナポレオンの甥であるルイ＝ナポレオンは、我こそは、不潔な地下牢に押し込められた囚われの美女パリを解放すべく運命づけられた人間であると堅く信じて疑わなかったからである。

もう少しの辛抱だ、いまにお前を泥濘の中から救い出し、光り輝く衣装を着せてやる、ルイ＝ナポレオンはおそらくパリに向かってこうつぶやいていたにちがいない。

＊悪臭で窒息寸前のパリ

実際、十九世紀半ばのパリは、ほとんど窒息寸前の状態にあった。それというのも、パリは、ローマ人がルテチア（シテ島）に植民して以来、二千年の歴史を経ているにもかかわらず、いまだかつて一度も全体的な都市計画が行われたことがなく、自然発生的な膨脹に身をゆだねてきたからである。そのため、シテ島、右岸のオテル・ド・ヴィル（市庁舎）付近などの古い界隈は、十六世紀のカトリーヌ・ド・メディシスの時代と少しも変わらぬ狭い通りに、何百年もたった漆喰壁の老朽化した五階建ての家々がびっしりと建ち並び、さながらドイツ表現派映画の書き割りの町並みのようなおどろおどろしい様相を見せていた。

しかし、正確にいえば、パリを窒息寸前に追い込んでいたのは、建物の密集というよりも、むしろ上下水道の不備だった。一般に、ローマ人が建設した古代都市は、どこも立派な上下水道を完備していることで知られるが、パリはローマ人が住んでいた期間が短かっ

1860年頃のトロワ・カネット通り

たせいか、上下水道がほとんど敷設されず、住民は、セーヌから飲み水を汲み、汚水もセーヌに流すことで日常の用を足していた。それでも、中世までは人口が抑制されていたので、このような原始的方法でもなんとか処理できていた。

上下水道の問題が、危機的なものとしてようやく人々の意識にのぼり始めたのは、ルネッサンスの頃、すなわち十六世紀にパリの人口が急激に増加してからのことである。

十七世紀にも、人口の増加は続き、十八世紀の半ばにいたって、パリの風俗観察の第一人者セバスチアン・メルシエは、ついにこう叫ばざるをえなくなる。

「通りはどこも狭く、袋小路になっていて、高すぎる建物は空気の流れをせき止めている。肉屋、魚屋、下水道、墓地などのおかげで、空気は腐敗しきっている」

メルシエは空気汚染の原因の一つとして下水道を挙げているが、じつをいえば、パリには下水道の名に値するような設備はまだほとんど存在していなかった。当時のトイレは汲み取り式で汚水放流の必要がなかったので、下水道も天然のドブを暗渠化したもので十分と考えられていたからである。

といっても、数少ない下水道に汚水が混入しなかったかといえば、けっしてそんなことはない。トイレは建物の中庭の一カ所しかなかったので、人々は、日々の排泄物を「穴あき椅子」と呼ばれた携帯用のおまるに溜め、夜になるのを見計らって、窓から中身を捨てるようにしていた。そのため、汚水は、舗道と空気をたっぷりと汚したのち、道の真ん中にある貧弱な下水道に流れこんで、セーヌを汚染していたのである。わかりやすくいえば、パリ全体が巨大な便所のようなものだったのである。

空気中に漂っていた悪臭は排泄物のそればかりではなかった。中央市場から出される魚、肉などの残骸が付近の道路に山積みにされたまま腐敗し、鼻の曲がるような腐臭をはなっていたからである。

さらに、中央市場のすぐ隣にあったイノサン墓地では、大きな共同墓穴の中にたくさんの死体が土もかぶせられずに並べられ、こちらも胸のむかつくような死臭を撒き散らしていた。さらに、パリの東北にあるモンフォーコンの屎尿処理場では、運びこまれたパリ中の屎尿が露天のまま放置されていたので、連接する廃馬処理場とともに、強烈な悪臭コンビナートを形づくり、風向きしだいで、パリは猛烈な悪臭の餌食となった。

ただ、そうはいっても、当時のパリジャンたちは不思議なことに、こうした悪臭をほとんど気にもせずに暮らしていた。ショックを受けるのは初めてパリにやってきた旅行者だけで、パリジャンたちは、臭いといわれてもそれがなんのことかはわからなかった。

ところが、十八世紀の半ばに、突然、アラン・コルバンが『においの歴史』で指摘したような臭いに対する感受性の変化が起こり、人々はそれまで意識しなかった悪臭を悪臭と感じるようになる。それとともに、公衆衛生学がパリの脱臭化を熱心に説きはじめる。というのも、公衆衛生学は、汚染された空気に含まれる瘴気が伝染病を運ぶという空気感染説を信じていたので、悪臭の元を絶たねばならないと考えたからである。

だが、パリを根本的に改造して衛生的な都市に造り変えようとする都市計画案がパリ市長に何度も提案されたにもかかわらず、パリ改造計画はそれから一世紀の間ほとんど実行に移されることはなかった。資金の問題が大きなネックになっていたのである。

歴代の為政者の中で唯一本気になってパリ改造を考えたのはナポレオン一世である。彼は、『セント・ヘレナ日記』の中で、「もし天が私に二十年の治世と、いささかの暇を与えてくれたなら、いにしえのパリはどこにも見つからなくなっていただろう」とラス・カーズに語っている。

しかし、ナポレオンの夢は、リヴォリ通りをコンコルド広場からルーヴル宮殿の前まで開通させただけで終わってしまった。

一八一五年にナポレオンが失脚して戦争が終わり、王政復古の平和な時代になると、貧しい地方から多量の貧民たちがパリに職を求めてやってくるようになった。帰国した亡命貴族たちが、革命中に破損した住宅の建て替えに着手したため、建築ブームが起こり、石工の需要が急激に増えたからである。彼らは、シテ島やオテル・ド・ヴィル周辺の安宿に群れをなして宿泊したので、その周辺の汚染はいっそうひどいものに変わった。

人口増加は七月王政になってもとどまるところを知らず、十九世紀の半ばには、パリ市の人口は世紀初頭の二倍に膨れ上がった。一八三八年に、ロネー子爵ことジラルダン夫人は「プレス」紙の「パリ通信」の中でこう語っている。

「パリに住んでいると、さながら地下都市にでもいるような気分になる。それほど空気は重く淀み、闇は深い。……にもかかわらず、この真っ暗闇の液体の中に、無数の人々が、さながら沼の中の爬虫類のように蠢き、押し合いへし合いしている」

今日の読者が読むと随分と誇張があるように思うかもしれないが、同時代の衛生学者の記述と照らし合わせてみると、このロネー子爵の描写はけっして大袈裟な比喩を使っているわけではないことがわかる。とりわけ、町全体が下水道の不備によって湿気に覆われていたことは確かなようである。しかも、上水道もなかったから、飲み水はあいかわらずセーヌからの汲み水に頼る状態が続いていた。こんな有り様では、もし疫病が流行したらえらいことになると考えるのが普通だが、実際、この心配は、一八三二年に現実のものとなった。コレラの大流行である。

この年の初めに、インドから中東を経由してヨーロッパに上陸したコレラはパリに達するや、とりわけ、シテ島とオテル・ド・ヴィル地区などの民衆的街区で猛威をふるった。調査を命じられた科学者グループは次のように結論せざるを得なかった。

「疫病の原因となったのは、通りが狭くて行き止まりになっていること、にもかかわらず建物が異常に高いため、通りに日がささず、湿って不潔であること、それに、排水と給水の設備が整わず、下水と清掃設備が不十分であることなどである」

コレラはパリの弱点がどこにあるかを正確に教えた。その結果、パリの行政当局もついに重い腰をあげざるをえなくなった。

だが、ルイ＝フィリップ治世下におけるセーヌ県知事ランビュトーのパリ改造計画は、下水溝の改良、歩道の整備、モンフォーコンの屎尿処理場の移転、ランビュトー街、スフロー街などの開通の点では一定の成果を見たものの、買収費用の捻出のために公債を発行することに議会が消極的だったため、十分な予算を用意することができず、人口過剰の密集地域の大改造は手付かずのままに残った。

そうこうしているうちに一八四八年の二月革命が起こった。すべての工事は中断し、パリ改造は振り出しに戻ったかのように思われた。だが、このとき、パリの歴史にとって決定的な意味をもつ予想外のファクターがあらわれた。初の普通選挙による大統領選挙で、ロンドンから帰国したルイ＝ナポレオン・ボナパルトがフランス共和国初代大統領に選ばれ、それから三年後のクー・デターで全権を掌握したのち、皇帝ナポレオン三世となったからである。

*民衆解放のパリ改造プラン

これはいくら強調しても強調しすぎることはないが、パリの大改造を行ったのは、セーヌ県知事オスマン男爵ではなく、ナポレオン三世である。オスマンがいなくとも、パリ改造は実行されていたかもしれないが、ナポレオン三世がいなければパリ改造は絶対に行われなかったにちがいない。なぜなら、オスマンは、ナポレオン三世が作成したパリ改造の設計図にしたがって土木工事を指揮した現場監督にすぎないからである。

ナポレオン三世が、パリ大改造を思いついたのはきわめて古く、一八三一年にローマでのカルボナリの蜂起に失敗したあと、ロンドンに病気治療のため一時的に滞在したときのことだといわれている。

当時、ロンドンは、パリよりも一足先に都市計画に着手し、放射状と碁盤状を組み合わせた幅広い道路網を市内各所に巡らし、同時に、完全放流方式の下水道、各家庭への上水道、ガス灯、公園などのアメニティー施設の充実に力を注いでいた。

ルイ＝ナポレオンは、パリのことは、七歳のときに亡命の旅に出て以来まったく知らず、わずかに、この年、ロンドンに来る前に、ルイ＝フィリップから特別の許可を得て、通過のために数日を過ごしただけだったが、このときに見たパリの陰鬱で不潔な風景は、清潔で整備されたロンドンと対比されて、彼の心に拭いがたい印象を残したようだ。というのも、彼は、ロンドンからスイスのアンネンブルクに戻ると、自分が皇帝になった日のことを夢見ながら、サン＝シモン主義者や衛生学者たちの著作を読みあさって、早くも貧民の生活向上のためにパリを全面的に改造する計画を練り始めたからである。

パリをロンドンに負けない美都に変えようという彼の夢想は、一八四〇年にブローニュの蜂起に失敗し、アムの牢獄に閉じ込められたとき、より具体的な形を取るようになった。というのも、この湿気の多い牢獄に幽閉されている間に彼はリューマチに罹り、なによりも湿気を嫌うようになったからである。おそらく、ルイ＝ナポレオンの心の中では、じめじめとした悪臭漂う安宿に雑魚寝《ざこね》する下層民衆と、牢獄でリューマチに苦しむ自分の姿が二重映しになっていたことだろう。

もっとも、民衆解放のためのパリ改造計画が実現すると信じていたのは、この世で、ルイ＝ナポレオンただ一人しかいなかった。彼自身にしても、奇跡を待つしかないと思っていたことだろう。

だが、その奇跡は本当に起こった。そして、ルイ＝ナポレオンは、パリを意のままに改造できる大統領の位に就いたのである。

＊オスマンの県知事就任

一八四八年の十二月末、大統領ルイ＝ナポレオンにお目見えするためエリゼ宮におもむいたセーヌ県知事のベルジェは、壁に張った一枚のパリ全図を見せられた。その地図には、赤や青など四色の色で建設すべき道路や公共施設が書き込まれていた。これは後にオスマンが初めてナポレオン三世に見参したときに示されたのと同じ地図だった。ベルジェとオスマンの二代のセーヌ県知事に仕えた秘書官のメリュオーは回想録の中でこう語っている。

パリ市改造の書類

「その改造プランは、オスマン知事の意見を十分参考にして採用されたものではあるが、大筋の方向性と改造のシステムは皇帝の心の中で、大統領就任の時点で既に決定されていたものである。それどころか、いくつかの本質的な部分に関しては、それよりもはるか以前から考えられていたにちがいない」

ルイ＝ナポレオンはパリ全図を見せながら、ベルジェにただちにプランを実行するよう命じたが、ルイ＝ナポレオンに強い反感を抱くオルレアン派（ルイ＝フィリップ派）のベルジェと市議会は、健全な予算を維持するという名目を盾にして、大統領の要請する多額の公債の起債に応じようとしなかった。ベルジェと議会のサボタージュは成功するかに見えた。そのとき、一八五一年十二月二日のクー・デターが起こった。

クー・デターで強権を手にしたルイ＝ナポレオンは、なおも抵抗を続けるベルジェをただちに更迭し、腹心の内務大臣ペルシニーに、断乎たる決意をもってパリ大改造を実行できるような後任者の人選を命じた。

ペルシニーが白羽の矢をたてたのは、ジロンド県知事のウージェーヌ・オスマンだった。

オスマンは、一八〇九年、アルザス系のプロテスタントの家庭に生まれた。一族には高級官僚が多かったこともあって、オスマンも大学を卒業すると躊躇することなく官職を志した。ペルシニーがオスマンに目をつけたのは、クー・デターの賛否を問う国民投票の際、オスマンが反対勢力の意見など考慮することなく、上からの命令を強引に実行したその押

しの強さが印象に残っていたからである。

一八五三年の六月三十日にサン＝クルーの宮殿で行われた県知事の宣誓式に出席したオスマンは、さっそくその夜、ナポレオン三世の居室に呼ばれた。

「皇帝は、私に一枚の地図を示された。その上には、皇帝ご自身の手で、工事の緊急度に応じて、青、赤、黄、緑の四色に、開通すべき新しい通りが塗り分けられていた。皇帝はただちに着工するよう私にご命令なさったのである」

オスマンは、知事として、千載一遇のチャンスを前にしているのを感じた。自分が首尾よく最初の工事に着手して成果を見せさえすれば、全権力を握る皇帝から絶対的な支持を得ることができるだろう。オスマンは決意した。万難を排してパリ大改造を貫徹しようと。

かくして、パリは、オスマン以前とオスマン以後に画然と分かたれるほどの大変貌をとげることになるのである。だが、それは、ナポレオン三世の頭の中に宿った理想の都を忠実になぞったものにほかならなかった。

＊古代ローマを目指す都市改造

ここで、ナポレオン三世がなぜパリ大改造を決意するに至ったか、その意図についてももう一度確認をしておきたい。というのも、ナポレオン三世に関しては、ユゴーやマルクスの激しい批判のせいで、後世にその真実の姿が歪められて伝えられているため、パリ改造

の意図についても、民衆反乱の可能性をあらかじめ摘み取る目的だけでパリを改造したというような神話が流布しているからである。筆者自身も、以前はこうした見方を無批判に採用していたこともあるが、実際にナポレオン三世のパリ改造の過程を研究してみると、ことはそうした陰謀史観だけで裁断できるほど単純ではないことがわかってくる。

ナポレオン三世のパリ改造の主要な方針は、

①疫病や犯罪の温床となることが多い非衛生なスラムを除去して、風通しと採光のいい、衛生的設備を備えた住宅街を建設すること。

②民衆生活の向上に欠かせない交通網の整備のため、鉄道駅や大きな広場を結ぶ幅広の大通り（ブールヴァール、アヴニュ）を各所に機能的に通すこと。

という二点に集約されるが、じつは、この二つの改造の要点にはナポレオン三世のさまざまな思惑が込められていて、その目的を表面にあらわれた部分からだけで論ずるわけにはいかないのである。

なぜなら、そこには、哲学と呼んでいいほどの形而上的意図と、肉体的な好悪の次元の形而下的意図が共存しているばかりか、そのアマルガムが、功利的・実際的な社会政策という外貌をまとっているので、本当の意図が奈辺にあるのかいたって見分けにくいからである。

しかも、ナポレオン三世という人間は、腹心にもほとんど内心を語らず、思想を書き留

めるということはさらに少なかったので、本当の意図が他人にストレートに伝わらず、どうしても陰謀史観の餌食になりやすかった。しかし、それでも、彼が残した数少ない著作や演説を注意深く読むならば、その独特の都市計画思想を解明することはまったく不可能というわけではない。

たとえば、一八五〇年に彼が市庁舎で行った演説にはこうある。

「パリはフランスの心臓であります。この偉大な都市を美化することにわれわれの全力を注ごうではありませんか。新しい通りを開き、空気と日光を欠いている人口密集地区を清潔な界隈に変え、健康な日の光がわれわれの建物の中の至る所に入り込むようにしようではありませんか」

これを表層的なレベルでとらえれば、ナポレオン三世のパリ改造計画は、十八世紀の半ばから公衆衛生学が主張してきた都市計画の延長線上に位置することになる。すなわち、地下牢のような不健康なスラムを一掃し、ここに「新しい通り」を開通させ、「健康な日の光」が差し込む住宅街に造り変えるという実用的な都市計画である。

しかし、子細にこれを読むなら、そこには、公的なレベルでの発想だけではなく、むしろ感覚面での私的な好悪の感情がひそかに導入されていることが理解されるはずである。

具体的にいえば、「日光」というものに対する好みと、湿気に対する嫌悪である。すなわち、この演説は、暗く湿ったアムの牢獄に幽閉されてリューマチに罹ったナポレオン三

世の、湿気と暗黒というものに対する本能的な嫌悪と、光と空気のもつ救済的な力に対する信仰が、彼自身の肉体と、都市という「肉体」のアナロジーにおいて捉えられている点に特徴があるのだ。彼自身の肉体にとって好ましい「日光」および「流れる空気」は、パリという「肉体」にも、健康的な影響を与えるだろうという思想である。

ナポレオン三世における「肉体」と「都市」のアナロジーは、ハーヴェイの血液循環の法則の反映であり、道路を血管、そこを流れる空気を血液と見なして、都市の内部で「血液」の循環を図ったというコルバンの指摘もある。そういわれてみれば、ブローニュの森とヴァンセンヌの森が左右の肺で、エトワール広場とレピュブリック広場が心臓の両心房であると考えられなくはない。

いずれにしても、ナポレオン三世のような独裁者の場合には、こうした個人的好悪というファクターが政治のレベルにおいても相当の重みをもつという視点を失ってはならない。ただ、ナポレオン三世にあって注意すべきことは、形而下的要素が形而上的な要素と切り離されずに、むしろ表裏一体の関係にあることである。つまり、思想が肉体的なレベルの発想から出発したものであっても、それは同じレベルにずっととどまっているわけではなく、突如世界観的な位相へと反転するのだ。

たとえば、「不健康なじめじめした闇」を追い払う「健康的な日光」への信仰は、「光」を核にした政治思想や美学へと昇華する。具体的にいえば、それは労働者の啓蒙を目的と

パリの路上風景（撮影年代不詳）

した万国博覧会の開催と、「光り輝く永遠の都ローマ」への崇拝となってあらわれる。後者に関していえば、彼はすでに一八四三年にアムの牢獄からこう書き送っている。「私は第二のアウグストゥスになりたいと思っています。なぜなら、アウグストゥスはローマを大理石の都にしたからです」

ここで、ナポレオン三世がカエサルではなく、その婿で後継者となったローマ帝国初代皇帝アウグストゥスに自分をなぞらえていることに注目しよう。すなわち、彼の頭の中では、カエサル＝ナポレオン、アウグストゥス＝自分であり、アウグストゥスがカエサルの遺志を受け継いでローマの都とローマ帝国を築き上げたように、自分はナポレオンのやり残した仕事、なかんずく「光の都パリ」とフランス帝国を完成しなければならないという構図ができあがっていたのである。

古代ローマとパリとのパラレリズムは、モニュメントを置いた広場から放射する道路という街路配置のほかに、新しい建物のファサードに、汚れがつかず光をまばゆく反射する白い御影石を多用させた点にもあらわれている。

では、ナポレオン三世のパリ改造は、感覚的なレベルと理念的レベルからのみ発想されているのかといえば、これが決してそうではない。そこに彼のおもしろさがある。なぜなら、ナポレオン三世の事業はどれも、このふたつのレベルと同時に、経済的・商業的レベルでの合目的性も兼ね備えているからである。

ブールヴァール・サン＝ジェルマン造成のために破壊される町並み（マクシム・ラランヌ画。年代不詳）

スラム街を取り除いて、そこに幅広い道路を通すという改造プランが、経済的・商業的に多くの利点をもつことについてナポレオン三世が初めからこれを視野に入れていたことは、あらためて指摘するまでもない。幅広い大通りは、当然ながら、人と馬車の流れを潤滑にして、時間のロスという経済的障害を取り除くからである。実際、この幅広い大通りの建設は、第二帝政下におけるパリの経済的発展に大きく貢献した。もし、ナポレオン三世が建設したブールヴァールやアヴニュがなかったら、パリは二十世紀にはヴェネチアのような純粋観光都市として生きるほかはなかったであろう。

この意味では、ナポレオン三世は都市交通問題の偉大なる先駆者といえる。

しかし、ナポレオン三世が経済的・交通的目的のみで幅広い道路を建設したと考えるのもまた早計である。というのも、彼が、革命防止のために、バリケードが築けないような幅に道路を設計したという非難も、あながち的外れの議論ではないからだ。

実際のところ、衛生学的観点からコレラの多発区域として取り壊しの対象になった民衆的街区は同時にバリケード多発区域でもあり、また、そうした街区に通ずる幅広の道路のもう一方の端には必ずといっていいぐらい兵営や警察署が設けられているという事実があり、この議論に一定の真実性を与えている。

とはいえ、いまあげたようなパリ改造のさまざまな理由は、どれもみな、ひとつの重要な観点を欠落させている。つまり、パリ改造という巨大な公共事業の経済効果についての

考察が抜け落ちているのである。

なぜかといえば、パリ改造での破壊と建設は、二月革命以後落ち込んだままになっていたフランス経済を大いに刺激し、景気を一気に回復させるというニューディール効果を発揮したにもかかわらず、それはあくまで結果としか見なされず、ナポレオン三世とそのブレーンがこの効果をあらかじめ見越して計画を立案したというふうには考えられていないからである。

＊建設公債発行のトリック

ナポレオン三世登場以前のパリ改造が、当局と議会の建設公債発行への消極姿勢によって一向に進まなかったことはすでに述べた通りである。この消極的姿勢は、建設公債がそのまま赤字公債となって残ることへの恐怖からきたものだった。わかりやすくいえば、従来のパリの政策当局は、償還のあてのないローンを組むのが怖いために住宅の新築を見合わせて、あばら家で我慢している個人のようなものだったのである。

これに対し、ナポレオン三世の発想は、ローンによって住宅とアパートを同時に建ててしまう頭のいい個人のそれに似ていた。つまり、ローンをアパートの家賃で払っていけば、なんの危険もなしにローンの償還ができ、しかも自宅は新しくなると思いついた個人のように、ナポレオン三世は、まず公債を起債して民間から資金を集め、この金で土地を買収

してスラムを取り壊し、これによって生じた敷地を、今度は、道路の無償引き渡しを条件にして民間に払い下げ、道路の両側に建物を建てさせれば、公債はたちまち償還され、同時にパリ改造も成ると考えたのである。

オスマンは、ナポレオン三世に教えられたこの公債による改造資金捻り出し方法を強引に推し進めたので、敵対者から「オスマンのコント・ファンタスティック」つまり conte fantastique（幻想小説）と compte fantastique（途方もない会計）を掛けて皮肉られたのである。

じつは、この手品のようなアイディアは、ナポレオン三世の片腕の内務大臣ペルシニーが思いついたものだった。ペルシニーは、リヴォリ通りの続きをベルジェに命じて建設させた際、公債が思わぬ高値で入札され、敷地も高額で払い下げられたため、公債が一挙に償還されたばかりかパリ市に多額の利益をもたらしたことに気がつき、この方法をパリの全域に広げていけば、改造は簡単に成就すると目論んだのである。

公債によるパリ改造の成功は、もともとサン＝シモン主義者だったナポレオン三世に、公債というシステムの思いがけない効果を教えることとなった。というのも、公債によってパリの改造が可能になったばかりか、公債を買った個人も投機のうまみを教えられ、それが株式市場の活性化にもつながり、空前のバブル的好景気をもたらしたからである。以後、公債の起債による景気刺激策は、第二帝政の経済政策の柱となり、パリ改造をモデル

にして国土全体が開発の対象となった。

ところで、慧眼なる読者は、この公債によるパリ改造にまつわるエピソードの中に、わざと説明を省いたひとつのカラクリがあることに気づかれたにちがいない。すなわち、ランビュトーをはじめとする歴代の当局者には不可能だった公債によるパリ改造が、ナポレオン三世とオスマンにはなぜ可能だったかという疑問である。というのも、公債の手品に気づいたのはたしかにペルシニーだが、ペルシニーは初めからこの手品のカラクリを知っていたわけではなく、いわば偶然の結果として公債のうまみを理解したにすぎないからだ。

彼はなぜ、同じ公債がランビュトーには赤字を、ナポレオン三世とオスマンには黒字をもたらしたのか、その理由を理解していなかったにちがいない。いいかえれば、気がついたら公債がいつのまにか打ち出の小槌に変わっていたにすぎないのである。ではこのカラクリはどこからくるのか。

その答えはナポレオン三世というアウラを持つ名前にある。すなわち、ナポレオン三世がクー・デターで全権を掌握したとき、国民は、そこに国家の秩序と安定を、いいかえれば、国家に対する「信用」を見いだしたのである。公債に投機家の人気が集まり、入札価格が高値になったのも、また払い下げの敷地が高値で分譲できたのも、すべては、ナポレオン三世という名前のブランド効果のおかげだったのである。「《帝国》それは《平和》だ」とナポレオン三世は演説したが、彼はもちろん、この「帝国」によって保証された

「平和」の別名が、「信用《クレディ》」であることを知っていたのである。

この意味においても、パリ改造は、ナポレオン三世の登場という歴史の要件を抜きにしては絶対にありえなかった、一種の奇跡だと断言してもかまわない。

チュルゴーのパリ鳥瞰図（1739年）

失われたパリを求めて

1 ルーヴル LOUVRE

パリを代表する建物としてだれ一人知らぬものとてないルーヴル宮殿は、意外なことに、オスマンの大改造が開始された時点では、まだ今日のような姿を取ってはおらず、リヴォリ通り側のギャラリーは、現在、装飾美術館に使われている部分までしか完成していなかった。

そのため、オスマンがセーヌ県知事に任命された一八五三年の時点では、今日、カルーゼル広場のガラスのピラミッドがあるあたりまで、ちょうどパレ＝ロワイヤル周辺の民家を、ギャラリーと方形宮の隙間に割り込ませたような形に、古ぼけた建物の群れが広がり、みすぼらしい姿をさらしていた。

もっとも、このあばら家の群れも、もとはといえば、十六世紀から十七世紀にかけて大貴族たちがこぞって建立した豪邸だったが、十七世紀の後半に、宮殿がヴェルサイユに移

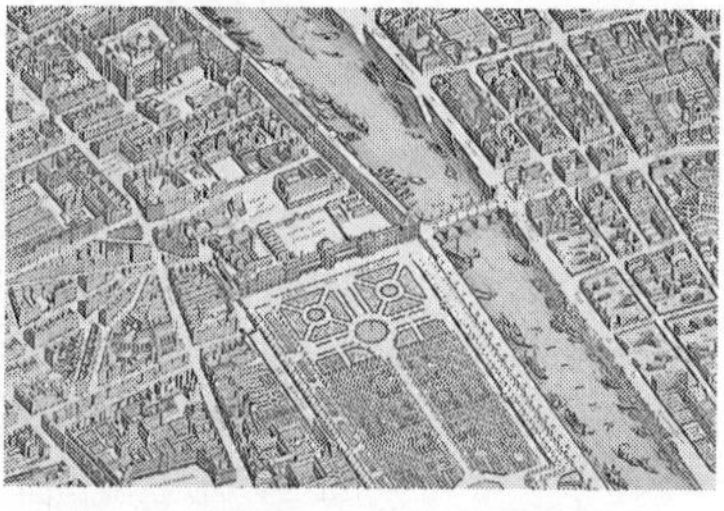

チュイルリ庭園とカルーゼル広場
(チュルゴーの地図の部分図)

ってからは荒れるにまかせていたのである。したがって、正確にいえば、このカルーゼル広場に民家が入り込んだというよりも、数次にわたるルーヴル宮殿の拡張工事のため、民家が宮殿に囲いこまれてしまったというほうが正しい。バルザックの『従妹ベット』には、このあたりの崩れかかった民家の描写が出てくる。

「たとえ、二日や三日そこいらの滞在であろうと、パリへ来た人ならみんな、カルーゼル橋に通じるルーヴルの通用門からミュゼ通りまでのあいだに、ファサードの壊れた建物が十軒ばかり並んでいるのを見て、おやと思う。これはナポレオンがルーヴル宮殿をすっかり仕上げてしまおうと決心した日以来、取り崩しにかかった古い街区の残骸で家主もはりあいがないからいっこう修繕も加えずにほうっておいたのである」

バルザックはこの一角のドワイエネ通りに、主人公ベットと妖婦ヴァレリー・マルネフのアパルトマンを設定し、解体寸前のあばら家のを雰囲気をうまく利用しているが、自分では、こんな汚らしい界隈はパリの恥さらしだから、早く取り壊してしまえと乱暴なことをいっている。事実、バルザックの提案通り、一八五三年の暮れにはこのカルーゼル広場のバラックの群れはきれいさっぱり撤去される。ボードレールは『悪の華』の「白鳥」という詩で、失われたこの界隈をこう歌っている。

「それが突然　私の豊かな記憶を孕ませたのだ、／今日　新しいカルーゼル広場を横切ろうとしたときに。／古いパリはもうなくなった（都市の形の／変化の早さは、ああ、人の

心のそれにまさる)。／もはや心に描くばかりだ　あの建てこんだバラックの群れ、／(……)／さらには、窓ごしにきらめく雑然としたがらくたなど」(安藤元雄訳)

最後に出てくる「雑然としたがらくたなど」というのは、このあたりの解体寸前の建物の壁にもたれるように建った掘っ建て小屋が、骨董品の蚤の市になっていたことを示している。マルシアルの銅版画の左端で、こちらに背面の壁をのぞかせている建物の下側にずらりと並んでいるのがその手の骨董屋である。ここには、バルザックもしばしば通って、とてつもない掘り出し物をしたと思い込んで喜んでいた。

マルシアルの銅版画の中央右奥に見えるのは、ルーヴルのパヴィヨン・ド・ロルロージュ(時計棟)で、これを現在の写真と比較してみれば、それぞれの位置が同定できるはずである。

現在のルーヴル美術館とガラスのピラミッド（撮影・辻啓一）

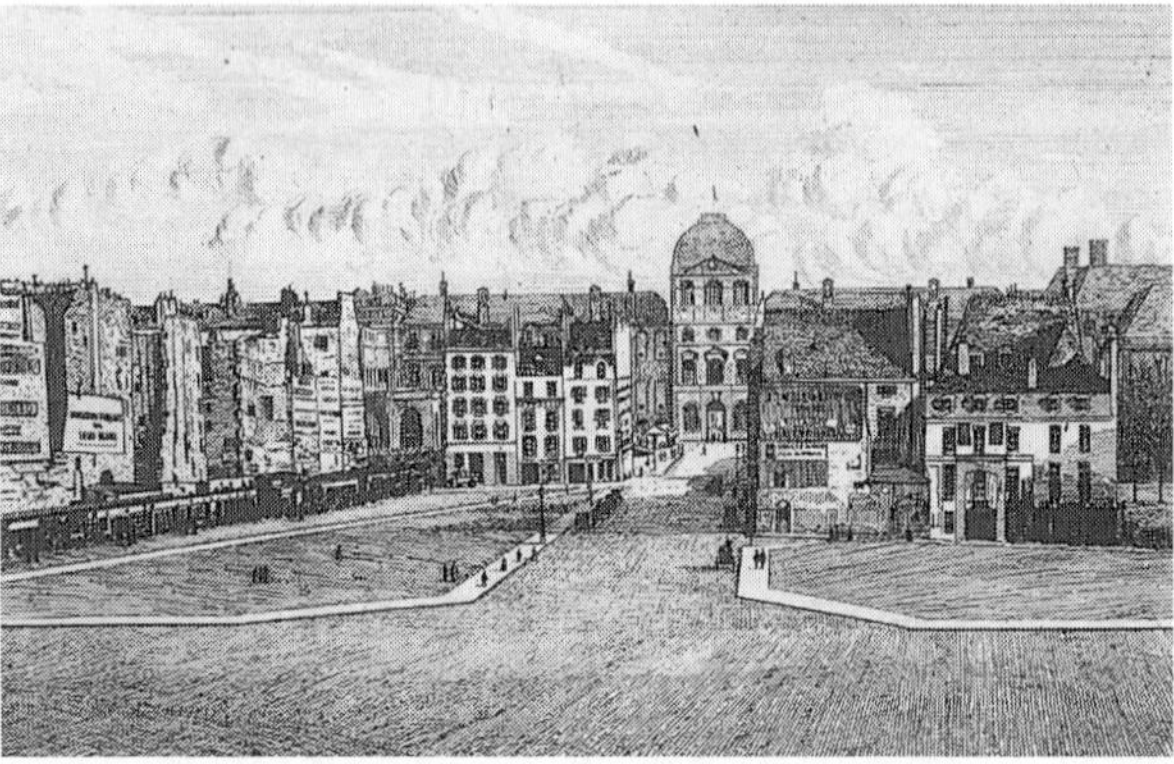

カルーゼル広場（マルシアル「いにしえのパリ」より）

2 オペラ座 OPÉRA

パリのオペラ座は、現在、第二帝政とナポレオン三世の建築美学をもっとも端的にあらわす建築として、「第二帝政様式」とか「ナポレオン三世様式」と呼ばれているが、もしこれをナポレオン三世が地下で聞いたら、さぞかし困惑の表情を浮かべることだろう。というのも、ナポレオン三世というのは、レ・アールの項で詳述するように、じつは大変なモダニストで、とりわけ建築に関しては、ロンドン万博のクリスタル・パレスを理想建築と仰いでいたことからもわかるように、鉄骨やガラスなどの素材を生かした機能的建築を好んでいたからである。

では、シャルル・ガルニエの手になるこの壮麗なオペラ座はだれの美学を反映しているのかといえば、これがどうもよくわからない。一八六〇年の一回目のコンペで第一席を取ったルオー・ド・フルーリのプランに皇妃ウージェニーがOKを出さず、その結果、大臣のワレウスキーの提案で二回目のコンペが行われたところまでは確かなのだが、そこでガルニエのプランを積極的に推したのがだれなのかは不明である。おそらく、だれでもなく、同時に全員なのだろう。ガルニエのプランが、ルネッサンス様式とバロック様式の不思議

現在のオペラ大通り。真正面にオペラ座が見える（撮影・辻啓一）

オペラ大通り開通のために建物を取り壊す（1874年）

な折衷様式で、これまで見たことのないような重厚にして壮麗な美学を示していたので、それが、第二帝政という成金時代の無意識をくすぐったのだ。

ウージェニー皇妃が、これはいったい何様式というのですかと尋ねたら、ガルニエが「第二帝政様式です」と答えたという逸話は有名である。

それはさておき、このオペラ座に関するエピソードで一つ興味深いのは、その建設の決定がナポレオン三世暗殺未遂事件をきっかけにしているという事実である。すなわち、一八五八年の一月、ルペルチエ通りのオペラ座に向かう途中のナポレオン三世が、イタリア人のオルシニに襲われて危うく落命しそうになった事件が起こったが、このとき、オスマンは、皇帝が襲われた原因がルペルチエ通りの狭いアクセスにあると考え、より警備のしやすい広場をもったオペラ座を作らねばならないと思ったのである。

ちなみに、ルペルチエ通りのオペラ座も、それ以前にあったオペラ座でベリー公が暗殺されたのを嫌って、急遽建設が決まったという因縁がある。

ナポレオン三世は音楽もオペラも苦手で、オペラ座の建設にそれほど積極的ではなかったが、こうした経緯があったので、新しいパリには新しいオペラ座をというオスマンの提案を承認した。

工事は、キャピュシーヌ大通りの敷地で一八六一年から始まった。途中で、地盤の悪さが発見され、完工は大幅に遅れた。ナポレオン三世としては、一八六七年のパリ万博に間

に合わせたかったようだが、結局、この年にはファサードが完成したにとどまった。一八七五年にオペラ座がようやく完成したとき、ナポレオン三世はすでに亡命の地ロンドンで寂しく世を去っていた。

オペラ大通りは、最初、ナポレオン大通りと命名されたが、第二帝政の瓦解とともにこの名前を剝奪され、一八七六年に全面開通したときには、すでに現在の名前になっていた。下の写真はオペラ大通り開通のため、建物を取り壊しているときのもの。はるか奥に、ぼんやりとオペラ座のファサードが見えている。

3 バスチーユ広場 BASTILLE

バスチーユ広場は、オスマンの改造で、変化をほとんど蒙らなかった場所の一つである。広場自体は十九世紀の初頭からあまり変わっていない。にもかかわらず、ここに取り上げたのは、バスチーユ広場を飾った建物やモニュメントが、その時代時代によってずいぶんと変化していて、それを列挙するだけでも興味深いからだ。

バスチーユ広場は、十四世紀の末にシャルル五世が、自分の住んでいたサン゠ポールの館が防壁で囲まれていないのを不安に思い、近くにバスチーユ城塞を造営させたことに起源を持っている。この城塞はその後、牢獄に転用され、もっぱら、国王が裁判なしで投獄を命じる「王の封印状」による国事犯を収容することとなった。一七八四年にこの「王の封印状」は廃止され、国事犯はほとんどいなくなり、わずかに七人の軽罪の囚人がスイス人傭兵とともに残っているだけだった。そんなとき、一七八九年七月十四日の有名な「バスチーユ襲撃」が起こったのである。

左端の四角い広場がバスチーユ広場
(チュルゴーの地図の部分図)

現在のバスチーユ広場。マルシアルの版画とは反対側から撮ったもの。
右に見えるのが新オペラ座（撮影・辻啓一）

七月塔（左）と象のお尻（マルシアル「いにしえのパリ」より）

民衆の憎悪の的になっていたバスチーユ牢獄は、その直後に建築請負業者の手によって解体され、跡地に革命の記念碑が建てられることになったが、計画が熟する前に政府が何度も替わったこともあり、広場はさら地のままに残されていた。一八〇六年、皇帝ナポレオンは、この場所に凱旋門を建てる計画を発表した。ところが、凱旋門は、むしろエトワール広場にこそふさわしいという声があがり、皇帝もこれに同意したので、バスチーユ広場には、ルイ十五世の時代に一時計画されたことのあるブロンズ製の巨大な「象」の泉を建立することになり、スペイン戦役で分捕った大砲を溶かして、これに充てることが決った。

設計を委嘱された建築家のアラヴォワーヌは、まず模型として木の骨組みと漆喰で、高さ十五メートルほどの張りぼての「象」を造り、ブリダンにブロンズの製作を任せたが、ナポレオンが失脚したため、「象」のモニュメントの計画は宙に浮き、張りぼての模型だけが広場の片隅に四十年近くも残されることとなった。

ヴィクトル・ユゴーは『レ・ミゼラブル』の中で、浮浪児ガヴロッシュをこの「象」の中に住まわせている。

マルシアルの銅版画は、サン＝マルタン運河がオスマンの改造で暗渠化されてリシャール・ルノワール大通りとなる前のバスチーユ広場の様子を描いたもので、画面の右に「象」のお尻が見える。

バスチーユの「七月塔」は、一八三〇年の七月革命の犠牲者を祀って、一八四〇年に建てられたものである。この設計もアラヴォワーヌに任された。「七月塔」はパリ・コミューンの際、叛徒によってヴァンドーム塔のように倒されるはずだったが間一髪、難を逃れた。

現在、新オペラ座が建ってるのは、ＳＮＣＦのバスチーユ駅があった場所である。このバスチーユ駅は、一八五九年に完成し、ヴァンセンヌ方面の列車が出るのでヴァンセンヌ駅とも呼ばれていた。

駅舎の入口は、世紀の変わり目の頃には、ギマールのアール・ヌーヴォー風の鋳鉄装飾で飾られるようになったが、これは、アール・ヌーヴォー再評価が六〇年代に起きる前に破壊された。もったいないことをしたものである。

4　レ・アール　LES HALLES

オスマンの改造で造営された建築物のほとんどは今日もなお残っているが、その中で、ナポレオン三世が最も執着した建物であるレ・アール（中央市場）が取り壊されてしまったのは、かえすがえすも残念である。

現在、ガラス屋根のショッピング・センター、「フォロム・デ・アール」のある場所に、パリ市の食料品を賄うための中央市場を建設しようと決めたのはナポレオン一世である。だが、彼は一八一五年に失脚してしまったので、敷地には、バラック建ての各種食料品市場が軒を並べるだけで、本格的な中央市場は建設されぬまま半世紀が経過してしまった。

一八四八年に大統領に就任したルイ＝ナポレオンは、叔父の遺志を継ぐべく、ただちに中央市場の建設を命じた。

ナポレオン三世は、民衆こそが国家の主役であり、自分はその意志の代行者として選ばれた皇帝であるという、不思議な「皇帝民主主義」の思想家だったので、パリ市民の食料の調達という最重要の課題を任された中央市場は、民衆がもっとも働きやすく、かつもっとも合理的に商品の搬入、陳列、競りができる場所でなければならないと考え、装飾を排

完成当時のレ・アール（1857年頃）

建設前の古いレ・アール（1853年頃）

した実用本位の市場を建設するよう命じた。

ところが、建築を任されたバルタールが一八五二年に部分的に完成したレ・アールは、ナポレオン三世のコンセプトとはまったく異なるものだった。すなわち、石造りのファサードをもつ重厚で威圧的な建物で、人々は、「市場の人足（フォール・ド・ラ・アール）」と引っかけて、これを「市場城塞（フォール・ド・ラ・アール）」と呼んだ。

ナポレオン三世はこれを見て怒り心頭に発し、オスマンに対して、ただちに完成部分を取り壊して全面的に建てかえるように命じると同時に、自らコンペを催し、別のプランを公募することに決めた。

バルタールはオスマンの同級生だったので、オスマンはなんとか友人を救ってやらねばならないと考えた。そこで、どのような市場を建てるべきか直接皇帝にうかがいに出掛けた。するとナポレオン三世は、「必要なのは、鉄道駅のように、人々が雨風にさらされずに行き来できるような大きな傘を上にかぶせた建物だ」といい、ガラスと鉄骨からなる、ロンドン万博のクリスタル・パレスに似た建造物のデッサンを描いて渡した。

オスマンは、そのデッサンと敷地の地図を照らし合わせ、いくつもの通りをガラス屋根で覆った巨大な市場の集合体のプランを描いた。バルタールは、「私にもローマ賞を受賞した建築家の誇りがある。こんな工場のようなものは建てられない」と設計図を引くことを拒んだが、オスマンは、「もし、君が引き受けなければ、私がクビになる」と泣き落と

現在のフォロム・デ・アール。後方に見えるのはサン＝テュスタッシュ教会（撮影・辻啓一）

しに出て、なんとか設計を承知させた。

オスマンは、バルタールが提出した三つのプランのうち、もっともクリスタル・パレスに近いものを選んで皇帝のところにもって行った。皇帝は、コンペに応募してきたプランがどれも気にいらないところだったので、バルタールのプランを見ると「そうだ、これだ、まさにこれだ」と叫んで、その場で決定を下した。

このように、レ・アールこそは「産業皇帝」ナポレオン三世の社会観と建築美学がひとつに合わさった独特のユートピア建築だったのである。現在、解体されたレ・アールの一部がパリ南東のノジャン＝シュル＝マルヌに移転されてダンス・ホールに使われている。

5　トロカデロ宮／シャイヨー宮　TROCADÉRO／CHAILLOT

戦前にパリを訪れたことのある年配の方と話をしていると、トロカデロ宮のことがしばしば話題に出てくる。記憶ちがいでシャイヨー宮のことをそう呼んでいるのかと思っていると、やがて、そうではなく、たしかに当時トロカデロ宮というものがあり、それが、現在のシャイヨー宮のあるシャイヨーの丘に建っていたことが判明する。なんでも、トロカデロ宮では、しばしばコンサートや講演会が開かれたので、在仏の日本人留学生の中にはここに足繁く通った人も多かったそうである。

じつは、このトロカデロ宮、一八七八年のパリ万博の際にダヴィウーとブールデによって建てられたものだが、セビーリャのギラルダ宮を模したアラブ風と称するそのスタイルの異様さゆえにパリジャンたちに嫌われて、なにかというと嘲りの対象になったらしい。ユイスマンスは、このトロカデロ宮のことを「ブクブクに太った女が腹を迫り出して、透かしの入った靴下と金のスリッパを履いた痩せた足を宙に突き上げている姿」と、ひどい言葉で形容した。

その結果、一九三七年のパリ万博のときにトロカデロ宮はついに取り壊されて、現在のシャイヨー宮に取って代わられてしまったのである。しかし、シャイヨー宮というのは、「白鳥が羽を広げたような」と形容されるわりにはそれほど美しくもなく、迫力にも乏しいので、悪趣味でも、強烈な個性をもっていたトロカデロ宮が残っていたほうがパリ名所になったと思うのだが、いかがなものだろう。

それはさておき、このシャイヨーの丘というのは、セーヌの下流から眺めると、ひときわ目立つ位置にあるので、ときの権力者は、この丘に宮殿や記念碑を建てたがった。なかでもナポレオンは、ここに皇太子ローマ王（ナポレオン二世）のために、「クレムリンよりも百倍も美しい」宮殿を建てることを決意し、造営を命じたが、失脚で目的を果たさずに終わった。王政復古のとき、フランスは神聖同盟の決定を受けて、スペインに絶対王政を復活させるために出兵を行い、南スペインのカディスでトロカデロという砦を攻撃し、これを攻略した。遠征軍は帰国後、シャイヨーの丘をトロカデロに見立ててパレードを行ったが、そのときから、ここがトロカデロと呼ばれるようになった。

一八三〇年の七月革命で王政復古が崩れ、ナポレオンの遺骸がパリに帰還することになったので、ナポレオン崇拝者たちは、ここを皇帝の墓にしようと画策したが、遺骸はアンヴァリッドに葬られることが決まり、トロカデロは第三共和制まで無人の丘として残されることとなった。したがって、この丘は、オスマンの改造とはまったく関係なく、第二帝政でも、パリジャンがパリを一望のもとに見渡すために、お弁当をもって遠足に出掛ける

現在のシャイヨー宮（撮影・辻啓一）

トロカデロ宮（1889年）

ためのピクニック・コースとして親しまれていた。

一八七八年の万博のときには、トロカデロ宮のほか、丘の斜面を利用した水族館も設けられたが、これはいまでも残っていて、見学することができる。

トロカデロ宮殿の噴水の両脇には、写真にも写っているように、ゾウとサイのブロンズ像が置かれていた。これは、シャイヨー宮の建設のとき、ポルト・ド・サン・クルーの噴水に移されて隠退した形になっていたが、オルセー美術館の開館とともにその正門の前にふたたび勇姿をあらわした。

6　エッフェル塔　TOUR EIFFEL

エッフェル塔はギュスターヴ・エッフェルではなく、じつはナポレオン三世が作ったといったら、また随分と奇矯なことをいうやつだと思われるかもしれない。だが、エッフェル塔を作ったギュスターヴ・エッフェルは、ナポレオン三世が作ったというのは、すこしも奇矯な説ではない。

一八三二年に生まれたギュスターヴ・エッフェルが、技師養成のエコール・サントラル（中央学校）を一八五五年に卒業して橋梁設計技師になったとき、パリでは、第一回パリ万国博覧会が開催されて、科学技術とりわけ製鉄技術の振興が叫ばれ、フランス全土が鉄道建設熱で沸きかえっていた。このどちらのブームも、サン＝シモン主義者をブレーンにした「産業皇帝」ナポレオン三世の積極政策を反映したものだったが、それは、有能な技師ならば、たちまちのうちに出世できる「技師の時代」が到来したことを意味していた。すなわち、大革命の混乱の際、ボナパルト少尉が数年のうちに将軍になったように、才能のある技師ならば、どれほど若くとも、橋の一つや二つはすぐに設計できるチャンスが巡ってくる時代だったのである。

事実、エッフェルは弱冠二十六歳でジロンド県に橋を設計したのを手始めに、次々に鉄橋を手掛け、一八六七年に第二回のパリ万博が開かれたときには、万博の売り物だった機械館の鉄骨工事を受け持つまでに出世していた。

一八七〇年に第二帝政は瓦解したが、ナポレオン三世の作り出した「鉄の時代」はいよいよ佳境に入っていった。エッフェルは大規模な鉄橋を世界中に建設し、そのかたわらでボン・マルシェ・デパートとクレディ・リヨネ銀行の鉄骨、さらには一八七八年のパリ万博で自由の女神の骨組みを手掛け、押しも押されぬ「鉄の第一人者」となっていた。そして、一八八九年の万博が、またまた彼に大きなチャンスをもたらした。一八八九年に開かれる万博の客寄せとして、陸軍士官学校の前のシャン・ド・マルス（練兵場）に、三百メートルの塔を建てるという案が万博委員から出され、コンペが催されることになったのである。

じつは、この案は例のトロカデロ宮の設計者ブールデが、自分の名声を不朽のものにするため、パリ中をアーク灯の照明で昼間のように照らし

現在のエッフェル塔（撮影・辻啓一）。シャン・ド・マルス越しに見える中央の建物は士官学校

出す三百六十メートルの大理石造りの「太陽の塔」を建設しようと企画し、友人のシャルル・ド・フレシネ総理大臣に話をもちかけたものだった。フレシネの後押しで「太陽の塔」はほとんど建設が決定しかかっていた。

ところが、ここで大逆転が起こった。商工大臣だったエドゥアール・ロクロワの支持を受けたエッフェルの「三百メートルの塔」がコンペに勝ったのだ。理由は、三年弱の期間で建てられるのは、鉄だけを使ったエッフェルの「三百メートルの塔」しかなかったからである。

かくして、パリの名物の塔は、「太陽の塔」ないしは「ブールデ塔」と呼ばれる代わりに「エッフェル塔」と呼ばれることとなった。しかし、この塔にエッフェルの名前が残ったのは、製鉄業と鉄道の振興、万国博覧会の開催、というようにすべてナポレオン三世が敷いた「鉄」のレールの上に彼が巧みに乗ったためにほかならない。

イエナ橋ごしに見るシャン・ド・マルス（1860年）。
橋の向こうにエッフェル塔が建つことになる

7　シテ島　CITÉ

パリという名前は紀元前三世紀にセーヌ川のシテ島に最初に定住したガリア民族のパリジー族に由来している。やがて、この川中島は、シーザーのガリア征服でローマ人の植民とするところとなり、ラテン語でルテチア（泥の島）と呼ばれた。

やがて、ルテチアは四世紀からパリと呼ばれるようになり、フランク王国のクロヴィス王のときに首都と定められたが、この頃から外敵の侵入に悩まされた。なかでも、セーヌ河を溯ってくるヴァイキングの侵略は苛列を極め、パリは何度も包囲攻撃にさらされた。だが、シテ島は、「たゆたえども沈まず」という、漁師の船をあしらったパリ市の紋章の銘のとおりに、よくこの攻撃に耐え、ついにヴァイキングを撃退した。八八五年のことである。

やがて、平和の訪れたシテ島は、水上交通の基地として大いに栄えるようになり、多くの商人がこの地に移り住んだ。シテ島の人口増加はそれから約千年も続いた。

ポン＝ヌフとノートル＝ダム寺院
（チュルゴーの地図の部分図）

しかし、さすがに、十九世紀も半ばになると、シテ島の人口密度は限度に達した。狭い道路を挟んで老朽化した高い建物が頭を触れ合うようにして立ち並んでいるため、一日中、太陽の光がささず、下水からあふれた汚水は舗石と空気を汚していた。そのため、島全体がスラム化し、住んでいるのは定職につけない下層民衆か犯罪者ばかりで、衛生状態のみならず治安も悪化した。

現在ノートル＝ダム寺院の前の広場となっているところには、ガルニと呼ばれる木賃宿が軒を並べ、その一階の酒場では、ウージェーヌ・シューの『パリの秘密』に描かれたような物騒な事件が毎晩のように繰り返された。要するに、シテ島は、人口過密という都市問題を抱えたパリの、象徴のような街区となっていたのである。

ゆえに、ナポレオン三世の命じたパリ改造で最もラジカルな変化を蒙ったのが、このシテ島だったのは当然だった。オスマンは、ノートル＝ダム寺院とサント＝シャペル、それにコンシェルジュリの三つの歴史的建造物を除くすべてを造りかえてしまった。

現在、シテ島には、ノートル＝ダム寺院のわきに、民家が少し残っているだけで、他は裁判所、警視庁、商事裁判所、パリ市立病院などの公共施設で占められているが、これらの敷地は、民家を全部取り壊して新たに造りだしたものである。したがって、オスマン以前のシテ島の地図と比べてみると、裁判所も警視庁もパリ市立病院も、シテ島にあるという点では同じだが、みな場所が移動している。というよりも、正確には、以前の建物を完

陋屋の隙間から見えるノートル＝ダム寺院
（マルシアル「いにしえのパリ」より）

全に取り壊し、一から新しい建物を造り直したのである。

ノートル＝ダム寺院のわきの民家のある街区も撤去される予定だったが、オスマンの失脚で、辛くも破壊を免れた。この一角のシャントル通りからは、有名なメリヨンの銅版画に描かれたのと同じノートル＝ダム寺院の尖塔が見える。この界隈は、中世のシテ島の様子をしのべる唯一の場所だから、シテ島を見物したら、まず第一にここを訪れてみることをお勧めしたい。

マルシアルの銅版画では、建て込んだ陋屋のわずかな隙間からノートル＝ダム寺院の左側の鐘楼がのぞいている。銅版画の暗さから判断しても、この界隈がどれほど日当たりの悪い場所だったかということがよくわかる。

現在のノートル＝ダム寺院と広場（撮影・辻啓一）

8　ノートル＝ダム橋　PONT NOTRE-DAME

セーヌにかかる橋は、オスマンの改造で多かれ少なかれ新しい橋に作り替えられた。たとえば、シテ島にかかって左岸と右岸を繋ぐ役割を果たしているサン＝ミシェル橋とポン＝ト＝シャンジュ（シャンジュ橋）は、改造前はシテ島の軸にたいして垂直になっておらず、曲がってかけられ交通の障害になっていたが、改造後は、橋自体の位置も移されて、左岸のサン＝ミシェル広場から、サン＝ミシェル橋、シテ島のパレ大通り、ポン＝ト＝シャンジュ、右岸のシャトレ広場というように一直線でいくことができるようになった。いっぽう、これと平行して、セーヌを跨いでいたプチ＝ポンとノートル＝ダム橋は、橋が取り替えられただけで、位置は変わらなかった。

しかし、ノートル＝ダム橋に関しては、改造後に、その景観が一変してしまった。というのも、このノートル＝ダム橋に設けられていたノートル＝ダム揚水ポンプが撤去されたからである。

ノートル＝ダム揚水ポンプは、ルイ十四世の時代に、セーヌの水を汲んで、近くの街区の給水泉に飲料水を供給するためにノートル＝ダム橋に設けられたものである。

ギョーム・ド・ベルティエ・ド・ソヴィニーによれば、その仕組みは次のようになっていた。

「一六七一年に作られたこの機械は、水かき板つきの大きな水車を二つ備えていた。二つの水車は、橋の中ほどのところに組まれた骨組みの上に固定され、ゆっくりと回転して、二台のポンプに動きを伝えた。ポンプは、塔の上部にある水槽に水を汲み上げ、そこから、重力を利用して、両岸のいくつかの泉に給水を行っていた。右岸では、西はヴァンドーム広場まで、東はルイイ街まで、その給水網は広がっていた」(『タブロー・ド・パリ』)

このノートル＝ダム揚水ポンプによって各所の給水泉に供給される水は、幾層にも重なった砂利や砂の濾過層を通っていくように工夫されていたので、パリの飲み水の中では、最も安全なものの一つだった。

オスマン改造以前のパリでは、上水道は、一部を除くと無きに等しかったので、パリジャンたちは、ほとんどすべてが、この給水泉の水を利用していた。すなわち、貧乏な人たちは、毎朝、容器をもってこの給水泉に水を汲みにきて、一日の食事と身繕い用の水を賄い、金持ちたちは、この泉から樽や桶で水を汲んで売りにくる水売りから水を買った。給水泉の水は、自分で汲みにくるぶんには無料だったが、多量に消費する水売りには有料だった。そのため、中には、これを嫌ってセーヌから直接、水を汲んで売る悪質な水売りもあとを絶たなかった。これでは、コレラが流行《はや》ったら、蔓延するのは当たり前である。

似たような揚水ポンプは、一八一三年までポン＝ヌフにも設けられていた。こちらの揚水ポンプは、喉が渇いたイエス・キリストに水を与えた善良なサマリア人の女（サマリテーヌ）をかたどっていたので、サマリテーヌ揚水ポンプと呼ばれていた。ポン＝ヌフを渡った右岸にあるサマリテーヌ・デパートの店名は、この揚水ポンプの名前にちなんだものである。

ノートル＝ダム揚水ポンプは、オスマンの命令によって一八五六年に取り壊された。

現在のノートル＝ダム橋（撮影・辻啓一）

ノートル＝ダムの揚水ポンプ（1855年）

9　レピュブリック広場　RÉPUBLIQUE

凱旋門のあるエトワール広場がパリの西の交通の要なら、レピュブリック広場はパリ東部地区の交通の心臓で、十本近い通りが交差し、日曜の午後などに、信号が黄色の点滅信号になると、ものすごい交通渋滞に陥るので有名だが、それ以外は、とくに目立った歴史的建造物もモニュメントもない、ただの散文的なロータリーである。広場の中央にあるモリス作の共和国記念碑も凡庸だし、プランタン・デパートの支店も人影がまばらでうらぶれている。ひとことで言えば、およそ盛り場とは呼べない場所である。

ところが、オスマンの改造以前には、ここ（レピュブリック広場の東半分）はパリでもっとも人出の多い盛り場で、血なまぐさいメロドラマを上演する劇場が多いところからその名がついたタンプル大通りの「犯罪大通り」が大変な賑わいを見せていた。土曜の夜ともなると、パリ中の民衆がこの場所に、芝居や飲食のために集まってきた。

また、となりのシャトー・ドー広場（レピュブリック広場の西半分）には、写真の発明で知られるダゲールの「ディオラマ館」があり、映画誕生以前の光学的イリュージョンでパリジャンの人気を集めていた。

バルザックは『ブールヴァールの歴史と生理学』の中で、当時のこの界隈の賑わいをこんなふうに描写している。

「八つの劇場がたえず客の呼び込みをおこない、五十軒の露店が食べ物を売って民衆に栄養を与える。民衆は腹に二スー、目に二十スーを投資してこれに応える。ここはパリの物売りの呼び声を聞き、民衆のひしめきを見ることのできる唯一の場所である」

とくに、一八三〇年代から四〇年代にかけて、パントマイム役者のジャン＝バチスト・ガスパール・ドゥビュローと、特異な性格俳優フレデリック・ルメートルが全盛だったころには、「犯罪大通り」の名はヨーロッパ中に鳴り響いていたといってもいいほどである。マルセル・カルネ監督、ジャック・プレヴェール脚本の『天井桟敷の人々』では、このドゥビュローとフレデリック・ルメートルの役を、名優ジャン・ルイ・バローとピエール・ブラッスールが演じ、これに、ガランス役のアルレッティ、泥棒詩人ラスネール役のマルセル・エランがからんで、当時の雰囲気を実に見事に再現していた。

だが、ブルジョワ的な清潔感にしか自己の美学を見いだしえないオスマンにとって、民衆的な猥雑さが売り物のこの「犯罪大通り」とシャトー・ドー広場は、目障りな交通の障害物としか映らなかった。とりわけ、この地区は、民衆反乱においては、ベルヴィルやメニルモンタンの丘から繰り出してくる叛徒たちの集結場所となっていたので、なんとしても、ここを革命の拠点から、鎮圧の拠点に変える必要があると思われた。

かくして、一八五四年、オスマンは、タンプル大通り北側の劇場街すなわち「犯罪大通り」と「ディオラマ館」を取り壊し、ここに大きな兵営を置くとともに、シャトー・ドー広場を大きく拡張することに決めた。これが、第二帝政の崩壊後、レピュブリック広場と呼ばれるようになったのである。

オスマンの功績を認めるパリジャンも、この「犯罪大通り」の撤去だけは許さなかったといわれるが、けだし当然だろう。

改造前のタンプル大通り（マルシアル「いにしえのパリ」より）

現在のレピュブリック広場（撮影・辻啓一）

10 モンマルトル／サクレ＝クール MONTMARTRE／SACRÉ-CŒUR

パリは、十二区から成っていた市域が、オスマンの命により、一八六〇年に拡大され、それまで、徴税請負人の壁とティエールの城壁の間にあった近郊の村がパリ市に組み入れられて、二十区となった。モンマルトルの丘もこれによってパリ市の一部となった。

パリ市に組み入れられる以前のモンマルトル村は、丘の斜面に葡萄畑が並ぶ鄙びた農村で、葡萄栽培業者のほかは、丘に吹く風を利用して風車で粉を挽く製粉業者が住んでいるぐらいだった。

一八一四年、敗走するナポレオンを追ってきたコサック騎兵がこのモンマルトルの丘に設けられた堡塁に攻め込んだとき、粉屋たちはとばっちりを受けてほとんど全員が切り殺されてしまった。その中で、ひとりだけ命からがら生き延びた粉屋がいた。その粉屋は、ミルクで養生するほかなくなった自分の健康のことを考えて、パンを焼くのではなく、ギャレット（クッキーの一種）を製造して販売することにした。このギャレット屋の風車（ムーラン）が、のちに改装されて、ルノワールの絵で有名なダンス・ホール「ムーラン・ド・ラ・ギャレット」となったのである。

サクレ＝クールの建つ前のモンマルトル丘（1869年）

とはいえ、第二帝政下では、モンマルトルはもともとなにもなかったところなので、オスマンの改造の余波をまったく受けなかった。

第二帝政の歴史で、モンマルトルが登場するのは、帝政が一八七〇年に崩壊し、パリがプロシャ軍に包囲攻撃を受けたときのことである。というのも、モンマルトルは、テルトル広場からナダールの操る気球でガンベッタが脱出したり、あるいはルコント将軍とトマ将軍が丘の上の大砲を奪おうとして、激高した住民に虐殺されたり、なにかとパリ・コミューンの歴史と結びつく話題を提供したからである。パリ・コミューンの最後でも、この丘に立て籠もったコミューン兵士の抵抗がもっとも激しかったのは有名な歴史的事実である。

そんな経緯もあってか、一八七三年に反動の砦となった国民議会がカトリックの要請を容れて、モンマルトルの丘に、普仏戦争で荒廃したフランスの救済を祈願するサクレ＝クールを建立することを決議したとき、コミューン派に同情する文化人から激しい抗議の声があがった。この当時から、モンマルトルには印象派の画家や作家たちが多く住み、自分たちの「村」という意識が強かったので、サクレ＝クール建設反対の運動にも熱が入ったのである。

だが、彼らの反対にもかかわらず、一八七五年からポール・アバディ設計になるローマ＝ビザンチン風の、あまりパリにはそぐわないバジリカ聖堂の建設が始められた。ところ

現在のモンマルトルの丘に建つサクレ＝クール（撮影・辻啓一）

が、モンマルトルはローマ時代から採石が行われた場所だったので、丘のいたるところに坑道が張り巡らされていた。おかげで、寺院の建設には、基礎を相当深くまで掘り下げねばならず、ために、工事は難航し、完成までに予想外の年月を費やすこととなった。

その結果、途中で建築家が何人も代わり、寺院のスタイルも当初のものとはかなり違ったものになったが、それでも一九一九年に、ようやく今日見るような白亜のバジリカ聖堂ができあがった。しかし、この間に、いつしか四十五年近い歳月が流れ、普仏戦争の戦没者の慰霊のはずのサクレ＝クール寺院は、第一次世界大戦の戦死者の慰霊となってしまった。これもまた運命の皮肉というべきだろう。

第4章　快楽の共産主義

1　サン＝シモン、フーリエの思想

＊欲望以外に道はなし

エンゲルスの『空想より科学へ』ほど、言葉のもつ恐ろしさを思い知らせてくれる本はない。なぜなら、エンゲルスがこの本でサン＝シモンおよびフーリエの思想を「空想的《ユートピアン》社会主義」と名づけ、一方みずからの立場を「科学的社会主義」と定義したことによって、マルクス、エンゲルス以前の社会主義はみな、「空想」つまり半狂人のたわごとと処理されるようになってしまったからである。

もちろん、実際にエンゲルスがそのような書き方をしているわけではない。むしろ反対である。エンゲルスは、サン＝シモンを「天才的な広大な視野」をもつ革命的思想家として高く評価し、またフーリエを「構想雄大」な文明風刺家として尊敬している。ところが、後世の読者たちは、『空想より科学へ』という標題だけで、サン＝シモンとフーリエの思想を子供っぽい空想の産物としてかたづけるようになってしまった。それは、ただ、エンゲルスがサン＝シモンとフーリエの思想を「空想的《ユートピアン》」であるとした、その命名（正確には訳語）の魔力のせいである。以来、サン＝シモンとフーリエの思想が、本当に空想的なの

蒸気機関によるコンサート（J.J.Granville 画
『UN AUTRE MONDE』1884より）

か、それとも逆に現実的なのかといった問いかけはほとんど行われずに今日に至っている。みずからを「科学的」と名乗ったマルクス主義の壮大な実験が失敗に帰したにもかかわらず、である。

エンゲルスは「空想」と「科学（唯物史観）」を分けるのは、社会改造の手段を「発明」するか「発見」するかの違いであるとして次のように述べている。

同時に、それは次のことを物語るものである。すなわち、この発見された弊害を除去する手段もまた、この変化した生産関係そのもののうちに、――多かれ少なかれ発達した形で――存在しているにちがいないことを。この手段もまた、頭で発明されるべきものではなくて、生産という与えられた物質的事実のなかに、頭をつかって発見されるべきものであると。〔エンゲルス『空想より科学へ』大内兵衛訳〕

要するに、エンゲルスによれば、生産と交換の方法の弊害を正確に見据えてこれを摘出すれば、それを取り除く手段も自動的に「発見」できるというのが「科学（唯物史観）的社会主義」であり、これに対して、弊害の除去の手段を「発明」するのが「空想的社会主義」なのだという。

しかし、これは本当に正しい見方だろうか？　確かに、マルクスとエンゲルスは「弊害」

までは「発見」したかもしれない。しかし、「除去する手段」については、ふたりは「発見」ではなく、「発明」を行ってしまっているのではないか？　というのも、彼らは、「弊害を除去する手段」として、「プロレタリアート独裁のもとでの生産手段の国有化」という方針を掲げているが、これこそは、人間は「個人の現実的利益」すなわち「欲望」でしか動かないという厳然たる事実を無視した善意の「空想」、つまり、性善説に基づくユートピア的思想にすぎなかったからだ。ひとことで言えば、科学どころか、これこそが「空想的社会主義」にほかならなかったのである。これに対し、マルクス、エンゲルスに「空想的社会主義」と呼ばれたサン＝シモン主義とフーリエ主義はどうかと言えば、こちらは逆に、どちらも、社会は、「個人の現実的な利益＝欲望」以外の原動力をもちえないという性悪説に則った冷徹な認識にみずからの基礎を置き、むしろ「欲望」の中にこそ、「弊害を除去する手段」を「発見」できるとしている。ならば、こちらのほうこそが「科学的社会主義」だったのではなかろうかという疑問が生じてくる。

＊産業者による産業者のための社会

サン＝シモン主義の開祖クロード＝アンリ・ド・サン＝シモン伯爵は、一七六〇年、フランスの名門の貴族の家に生まれた。家門の伝統に従って軍人としてアメリカ独立戦争に加わったが、負傷して帰国したとき大革命に遭遇した。当初、熱烈にこれを歓迎したが、革命の本質を見抜いて落胆すると、一転して投機に乗り出し、無価値になった革命政府のアッシニャ紙幣で買える唯一のもの、すなわち国有地を買いあさった。そして、この投機で得た金で、一流の学者、芸術家を自宅に招き、該博な科学的知識を身につけた。やがて財産が底をつき、公設質屋の帳面つけにまで落ちぶれたが、偶然、元の召使に拾われて、その食客となって、極貧のうちに著作活動を開始した。

その思想は、「すべては産業によって、すべては産業のために」というスローガンに要約される。すなわち、社会を支えているのは、産業（農業、工業、商業）の従事者であり、しかも彼らは人口の九十五パーセントを占めているのだから、貴族、軍人、法律家、金利生活者といった非生産的な有閑階層から、平和的手段で権力を奪い、「産業者による、産業者のための社会」を築くのは当然であるというものである。

しかし、権力を産業者に移動しただけでは、国の富を割り算する分母を増やすにすぎないので、なによりも、富の分子を大きくすることが必要である。そのためには、人間が働くだけではなく、天から人間に与えられた「自然」に働いてもらうようにしなければならない。ここから、第二のスローガン「人間の搾取（エクスプロワタシオン）に代えて、自然の活用（エクスプロワタシオン）を！」が生まれる。だが、その思想は、資本家と労働者を区別しない点で、マルクスのそれとは大きく異なっている。つまり、働くものは、働かざるものと対立するだけで、生産手段の所有、非所有という点では区別されないのである。というのも、産業は、それに従事する各人が豊かな生活をしたいという個人的欲望を基礎としているから、もし、生産手段を資本家から奪って国家のものにしたりしたら、産業の発展はなくなると考えるからである。

政府は産業に干渉するときつねに産業を害する。政府は産業を奨励しようと努力する場合においてすら産業を害する。〔サン＝シモン『産業』森博訳〕

とはいえ、サン＝シモンは、アダム・スミスとは異なって、自由・放任こそがベストだとは考えない。なぜなら、無秩序なエゴイズムが支配する社会は益よりも害を生み出すからである。したがって、資本家と労働者がキリストの教えるように「互いに愛しあう」一種の相互的扶助システムが生まれることが望ましいが、それは観念的レベルのことではなく、あくまで現実的な利益でのレベルにおいてでなくてはならない。なぜなら、現世的利益以外には人間活動の目的はないからである。そのためには、まず産業による利益追求こそが人類の幸福をもたらすという産業信仰を前提に据えたうえで、資本家と労働者に、ともに相手の利益に心を配りながら産業に専心することが自分たちの利益にも通ずるということを教える「新キリスト教」をつくる必要がある。こうして、サン＝シモン主義は必然的に、皆が負担と利益を分かちもつ「株式会社」という形態をとった「サン＝シモン教会」

へと発展することになる。

新しいキリスト教の組織はすべての制度を、それがどのようなものであれ、もっとも貧しい階級の福祉を増大させる方向に向かわせるであろう。〔サン＝シモン『新キリスト教』森博訳〕

＊産業の宗教、サン＝シモン主義

ところで、ひとつの国は「大きな生産会社」にほかならないので、豊かな社会をつくるには、無制限に産業を発達させるばかりでなく、生産を合理的、能率的に行って最大の利益を引き出すようにしなければならないが、この「大きな生産会社」を運営するには、産業のグランドデザインを考えてインフラストラクチャーを整備する高級テクノクラートが必要となる。このテクノクラートは当然、「新キリスト教会」の司祭を兼ねる。

それ［新キリスト教］は、神学として科学をもち、祭祀として産業をもつ。［……］社会の最終目的となるのは産業である。それゆえ、人間は究極的には産業的に繁栄すること以外の目的をもたず、聖職者の役割はさまざまな科学的および産業的諸機能をばこの繁栄をゆるぎないものにするよう協調させることに帰着する。〔デュルケム『社

会主義およびサン＝シモン』森博訳〕

サン＝シモン伯爵。
社会制度の研究に没頭した結果、
「社会の究極の目的は産業的繁栄である」という結論を得る

シャルル＝フーリエ。
あらゆる欲望を是とした彼の理論は当時完全に黙殺された

サン＝シモンはこうして『新キリスト教』を一八二五年に書き上げ、いざ実践活動に乗り出そうとしたが、そのとたん病に倒れ世を去った。しかし、その教えは、エコール・ポリテクニック（理工大学校）出身のサン＝タマン・バザールやプロスペル・アンファンタンなどの若者たちに受け継がれ、機関紙「生産者（プロデュクトゥール）」「組織者（オルガニザトゥール）」を中心とするサン＝シモン主義者のグループへと発展していった。

サン＝シモン派はやがて、理論派のバザールと宗教派のアンファンタンに分裂し、サン＝シモン教会の「父（ペール）」となった主流派のアンファンタンは、教徒たちを引き連れ、教会の「母（メール）」となるべき女性を探しにオリエントに旅立ったが、「母」は見つからず、数年後一行はむなしく帰国した。一方、サン＝シモン教会から離教した反アンファンタン派の一部は、やがてサン＝シモン主義者の皇帝ナポレオン三世のもとに結集して、後進国フランスを一挙に産業国家に成長させるのに成功した。これ以後、サン＝シモンの思想は、それと気づかれぬうちに世界中で実践に移されるようになったのである。

＊徹夜で計算した「情念引力」

古今東西を通じて最も奇想天外にして深遠な思想を生み出した「超絶奇人」シャルル・フーリエは、アルプスに近いブザンソンの町で一七七二年に、裕福な毛織物・香料商人の長男として生まれた。二十一歳のときにリヨンで米、綿花、砂糖などを扱う輸入商の店を開いたが、大革命のため商売は破産し、ブローカーとなって各地を転々とせざるをえなくなった。その間に、生産者と消費者をともに騙す商業の欺瞞性と反社会性に気づくと同時に、社会の矛盾を一気に解決する「情念引力の法則」を発見した。この発見を公にするために、一八〇八年に世に問うたのが処女作『四運動の理論』である。

フーリエの思想を特徴づけるのは、情念（パッション）つまり人間の欲望の徹底した肯定と、その情念に秘められた潜在的な力すなわち「情念引力」への深い信頼である。人間の情念は現在の社会においては利益よりも害毒をもたらすことのほうが多いが、それが「ファランジュ」と呼ばれる理想的共同体が住む「ファランステール」に収斂されると、人類の歴史を百八十度転換するほどのエネルギーに転換されるとフーリエは宣言する。

この新秩序においては人の情念の増すほどに多くの活力と財力が得られるだろうということを知って、私はこんなふうに推論した。すなわち、神が情念引力にこれほど多くの力を与え、その敵である理性にはごくわずかしか与えていないというのも、あらゆる点で引力をみたすこの累進セクトの秩序にわれわれを導くためなのだ、と。私はこのときから、あれほど哲学者たちの不評をかっている引力こそは神慮の代弁にほかならないと考え、ついに情念引力および斥力の分析的かつ総合的な計算にまで立ちいたったのである。〔フーリエ『四運動の理論』巖谷國士訳〕

こうしてフーリエは情念引力を、一週間の間一睡もせずに猛烈な勢いで計算し、ついに画期的な真理を発見するに至った。

すなわち、物質的、有機的、動物的、社会的という四運動間のアナロジー、または物質の変容と人間や動物の諸情念の数学的理論とのあいだのアナロジー。〔前掲書〕

＊変態も解放される共同宿舎

フーリエによれば、現在のところ知られている引力は、最も次元の低い、ニュートンの万有引力などの「物質的」運動にすぎないが、実際には、農業協同組合のような卑近な制度から、人間の性愛、さらには宇宙の運行に至るまで、すべては情念引力によって支配されているという。したがって、この事実を見ずに、社会の改良を企てても無駄である。

例えば、貧困階級を助けるために福祉と称して生活扶助を行っても、これは貧困階級をいたずらに怠惰にするだけである。こうした貧困をなくすには、むしろ、労働を「快楽に変え」、「産業的魅力」を生み出す方向を探らなければならない。さもなければ、産業がいくら発達しても、労働者にとって労働は苦痛でしかないので、生産効率は上がらず、労働者は貧しいままである。

産業はその進歩によって幸福の基礎を創りはするが、幸福を創ることはない。それは、産業的魅力および比例的配分の制度からしか、つまりE列に従ってしか、生まれないであろう。こうした配分は、産業が嫌悪感を催すものであるかぎり、不可能である。

〔フーリエ『産業的協同社会的新世界』田中正人訳〕

では、その「産業的魅力」とはどのようにすれば生まれるのか？　それは、八百十通りの情念を代表する男女のカップル千六百二十人がファランジュと呼ばれる農業的生活協同組合をつくり、その成員が、広大な四階建ての共同宿舎ファランステールで生活することによって可能になる。というのも、このファランステールでは人間のもつすべての情念が、変態性欲や反社会的な欲望も含めて、すべて解放されるように計算されているからである。では、そこで解放される情念とはいかなるものなのか？　フーリエは人間の情念を次の十二通りの情念に分類する。

①味覚情念、触覚情念、視覚情念、聴覚情念、嗅覚情念という五感の快楽を求める五つの個人的レベルの感覚的情念

②友情情念、野心情念、恋愛情念、家族愛情念という四つの小集団的ないしは対人的

なレベルの感情的情念

③密謀（陰謀、分裂）情念、移り気（変化、対照）情念、複合（熱狂、噛みあい）情念という三つの社会集団的な配分的（機制的）情念

なかでもファランジュにおいて重要なのは、第三の系列の三つの情念である。というのも、現実の社会集団にあってはさまざまな弊害を生み諸悪の根源とみなされているこの三つの情念は、ファランジュにあっては、「真の英知」を生むもとになるからである。

だが、どうやれば、この三つの高次の情念を満たすことができるのか。

まず密謀情念だが、これは、栄光を得るためにいくつかの徒党が冷静な計算に基づく陰謀をめぐらして競争することにその本質があるので、ファランジュの類似集団の間に競争、対抗を引き起こすような労働組織をつくれば情念が解放されてエネルギーへと転換する。

次に移り気（蝶々）情念は、新奇な刺激を求める情念で、これが満たされないと不熱心や倦怠に陥るので、ファランジュでは職場を二時間ごとに変えて仕事を魅力的に感じるよう変化をもたせてやる。それでも仕事に飽きがきたときには、ファランジュ内の「情念取引所」で情念を真に満たせるような別の仕事と交換する。

最後の複合情念は、熟慮に基づく陰謀情念とは反対の盲目的激情の発露という形をとって現れる。これは対照的な集団相互の間に熱狂や興奮を引き起こすような分業組織をつく

ればうまく解放できる。

このように、情念引力は、理想的なファランジュにおいてうまく組み合わされた場合には、比類ない力となり、人類と地球を、文明社会から、次の段階である「調和社会」へと進ませることとなる。

だが、現在のところ、「われわれは情念をろくにもたず、その四分の一をみたすに足る手段さえろくにもたない。さればこそ、われわれの地球は現在のところ、宇宙でもっとも不幸な天体のひとつなのである」（『四運動の理論』）。

フーリエのこうした壮大な情念引力論は、当然ながら同時代にはまったく理解されず、その協同組合論に共鳴したヴィクトル・コンシデランらの弟子たちも、師の独創的な性愛論や宇宙論が公の目に触れないように努めた。

一八三七年、生涯独身を通したフーリエはフロックコートを着たまま薄暗い屋根裏部屋で息絶えているところを発見された。

弟子のコンシデランは二月革命で挫折したのち、一八五二年にアメリカに渡り、テキサスにファランステールを建設しようと試みたが、企ては失敗に終わった。

2　人類の目的は「生産」――サン＝シモン

＊三種の神器 ―― 銀行、鉄道、株式会社

サン＝シモン主義のキーワードは「開発（エクスプロワタシオン）」である。つまり、潜在的な状態にとどまっているものからエネルギーを引き出し、これをひとつの産業の力に変えるという理念である。

その典型は、銀行制度の見直しという形で表れる。すなわち、従来は大金持ちから預かった金を別の大金持ちに不動産を担保にして貸していたにすぎない銀行の機能を全面的に見直し、国民のあいだで簞笥貯金として眠っていた金を「利子」という特典でかき集め、これを巨額の資金を必要とする大規模事業に、「将来性」を担保にして貸し出すのである。こうすれば、小口預金者は利子を、企業は資金を、銀行は金利を、そして国家と国民は産業の振興に伴う繁栄の配当を、それぞれ得ることができる。これが「金銭の開発」である。第二帝政下では、このサン＝シモン主義の理念のもとに、ペレール兄弟の「クレディ・モビリエ（動産銀行）」、クレディ・リヨネ銀行、ソシエテ・ジェネラル銀行などの市中銀行が次々に生まれた。

クレディ・リヨネ銀行。1878〜1913年建築。
銀行は産業ユートピアの中核とみなされた

lais de poste était une question mal posée, attendu que les postillons en ont plein le dos ; ce qui doit les charmer médiocrement.

Elle étudiait la solution du gouvernement, qui veut mettre les relais de poste à la charge des contribuables.

Ceux-ci se permettent de trouver que la solution est oné-

鉄道建設反対のパンフレットから
（Bertall『CAHIER DE CHANGES』1847より）

同じ発想で生まれたものが株式会社である。つまり、発展可能性を秘めた画期的なアイディアをもった人間が、未来の「配当」というリターンと引き換えに「株式」を発行し、これによって集めた資金で事業を始めるというものである。サン＝シモン主義は、「サン＝シモン教会」を「株式会社」の形をとって創設したことからも明らかなように、この株式会社という制度を社会変革の革命的方法として重視した。

というのも、例えば、鉄道のような大規模事業は、この株式会社という形態をとることによってしか成り立たないからである。鉄道は、自然を「開発」して生まれた製品であると同時に、産業自体を開発する製品でもある。なぜなら、これによって原料と工場を結ぶ「距離と時間」が「開発」された結果、「より安価でより良質なものをより多量に」というサン＝シモン主義の産業理念が実現するからである。だが、十九世紀の前半には、この理念は理解されず、鉄道法案は廃案に追い込まれた。

＊サン＝シモン的協同体の理想の服

サン＝シモンの死後、バザールとアンファンタンの二人を「ペール（至高の父）」に頂いて結成された「サン＝シモン教会」は、アンファンタンが主導権を握ると、一気に神がかりの集団へと変身した。そして、女性の婚姻外セックスの問題をめぐってバザールが離教すると、アンファンタンは同志たちとモンシニ街で協同生活を始めた。

協同生活の場はやがて郊外のメニルモンタンの館に移った。アンファンタンは、生活の協同をさらに深めるため、全員がセーラー服に似た制服を着用することを提案した。というのも、この制服は背中にボタンがついていたので、お互いに同志の力を借りなければ脱ぎ着できないようになっていたからである。

アンファンタンは教会には「メール（至高の母）」も必要と考えたが、適当な女性が現れるまで、自分が代理を務めることにした。グランヴィルの戯画はこれを皮肉って教祖の胸に「MA（MAN）・PA（PA）」とイニシャルを付けている。この絵では、前にボ

サン＝シモン主義的な服を着た
教祖アンファンタン
（L.Reybaud著、J.J.Granville 画
『JEROME PATUROT』1846より）

タンがあるように描かれているが、次の絵では明らかに後ろボタンである。

＊家事労働をする男たち

メニルモンタンの四十人の男の使徒たちは、頭の天辺から足の爪先まで互いに知りあい、一心同体になるため、中世の修道院のように、学習と瞑想と労働の日々を送ることになったが、アンファンタンが教会の位階制を反省し、召使制度を廃止したので、家事は全員が分担して受け持つこととなった。その結果、料理は医師のシモン、靴磨きはバロー、洗濯はデローシュが担当し、アンファンタンは菜園の作業の指揮を執った。

使徒たちはやがて布教の一環として生活を世間に公開することを思いついた。教会の起工式では「労働の賛美歌」が歌われ、観客の度肝を抜いた。だが、影響力の拡大を恐れた権力は、機関紙に載った女性解放の論文を種に、風俗壊乱罪で使徒全員を逮捕し、教会を解散させた。

アンファンタンは釈放後、残った使徒を引き連れて、教会の「メール（至高の母）」を求めて、オリエントに旅立った。

＊ユートピアとしての万国博

『グローヴ』の編集長だったミシェル・シュヴァリエは、アンファンタンと別れたあと経

靴磨きから料理、洗濯まで、家事にいそしむ
アンファンタン派の使徒たちの協同生活
(『JEROME PATUROT』より)

済学者に転身しコレージュ・ド・フランスの教授に任じられたが、第二帝政ではナポレオン三世の懐刀となって、パリ万国博覧会を組織した。

「万国の万有」を展示する万国博覧会は、サン＝シモン主義的ユートピアの到来を加速させるための起爆装置として位置づけられていた。というのも、労働者階級の生活を向上させるというサン＝シモン主義の目的を達成するには、企業による発明と工夫の「競争」によって「よりよい製品がより安くより多量に」供給されることが必要だが、そのためには、製品の競争が行われる「場所」と「制度」が用意されなければならないからである。こうした製品の競争は、万博における価格表示の義務づけと、「金銀銅のメダル」という優秀賞の設置により、社会の中に徐々に浸透していった。

万国博覧会は同時に、事物による民衆教育の場所でもあった。すなわち、それまでは、「よりよい生活」のための事物を目にすることがなく、したがって、生活向上の欲望を抱かなかった民衆に、働いて金さえ貯めれば、その「よりよい生活」が手に入ることを教えるための教育装置として機能したのである。ついでに言えば、万国の人間と事物を一箇所に集めて融和を図る万博は、西洋という「父」と、東洋という「母」の「結婚」による「新世界の誕生」というサン＝シモン主義の世界観の反映でもあった。

サン＝シモン主義のユートピアの実現。1867年のパリ万博の会場全景。
ここには現在エッフェル塔が立っている
（A.Picard著『EXPOSITION DE 1889』より）

3　すべての欲望を解放せよ――フーリエ

＊豚とケチのアナロジー

フーリエは、サン＝シモンの産業社会とオーエンの協同社会をともに批判して、いかに賃金が上がろうとも、労働が苦痛に感じられるかぎりは、理想社会の実現はありえないとした。すなわち、人間は、みずからの「情念」、言い換えれば欲望を充足するという形で労働をしなければ、労働を喜びと感じないから、生み出された労働の結果は、決して理想には近づかないと考えた。

フーリエの弟子であるトゥスネルは、動物に表れた情念引力を観察することで、このフーリエの思想をより明確なものにしようとした。

その典型的な例は、豚についての説明に見ることができる。すなわち、豚は貪欲で、どんな残飯でもがつがつと平らげて大いに肥満し、その肉を人間に提供するが、人間社会においても、もし吝嗇な人間がびんの破片や折れた釘、蠟燭の残りなどを集めてもう一度活用することがなかったなら、これらのがらくたは永遠に失われてしまうだろう。また、そうして貯め込まれた財産は浪費されることがないので、彼の死後、その係累に「望外」の

情念が解放された労働は苦痛を感じさせない。豚と人間の顔がよく似ている点に注目
(『L' ESPRIT DES BÊTES』より)

貪欲でケチな人間の情念引力は豚同様、
人々の役に立つ(『L' ESPRIT DES BÊTES』より)

遺産を残すことになる。

このような観点から、ファランジュにおいては、ケチでものを貯め込むことに対して強い欲望をもっている人間は、これを廃品回収の仕事や、貯蓄銀行の係に回せば、情念引力をうまく活用できるのである。

＊奉仕する動物たち

ファランステールが完成して、すべての人間がすべての情念を解放できるようになったとき、解き放たれた情念引力は大爆発を起こして、悪と悲惨に満ちた「文明世界」を焼き尽くし、これを終焉に導く。次いで、歴史は、まず予備的段階としての「保証時代」と「連合時代」を経たあとに、ユートピアとしての「調和時代」に入っていく。

この時代においては動物も進化を遂げる。例えば、ライオンは「反‐ライオン」という快速の地上の乗り物になり、また鯨は「反‐鯨」という水上の巨大な乗り物になるだろう。

情念動物学の開祖トゥスネルは、現在の鯨でも、特別の訓練を施せば、すぐに遊覧船として就航可能であると主張している。彼は、獰猛な熊の耳をつかんで畑仕事をさせたという聖メダールの故事から、やがては熊も「反‐熊」として人間に奉仕することになるだろうと推測している。

獰猛な熊さえも調和社会では人間に奉仕する
(『L' ESPRIT DES BÊTES』より)

鯨の遊覧船
(『L' ESPRIT DES BÊTES』より)

＊万物の王、人間

フーリエによれば、恐竜などをもたらした第一の「創造」と、人類を誕生させた第二の「創造」という二度の悪意ある「創造」の結果、地球上には人間に奉仕する動物はわずかしか存在せず、害獣ばかりになってしまった。

しかしながら、地球の「創造」はこれで終わったわけではない。すなわち「調和的時代」が訪れるときには新たな「創造」が起こり、「たくさんの輝かしい有益な産物とわずか八分の一の無益な産物とを生む。そして有害なものは何ひとつ生まない」(『四運動の理論』)。そのため、動物はすべて人間に奉仕する動物となる。まるで、鴨がネギを背負ってやってくるように、食用の動物や魚類、鳥類は「どうぞ私を食べてください」と進んで食べられにやって来るだろう。

グランヴィルは『もうひとつの世界(UN AUTRE MONDE)』という風刺挿絵本で、この〃鴨ネギ〃動物たちが調理されるべき調理道具をもって行進しているさまを描いている。

ところで、フーリエは、現在の段階においても、キリンという何の用にも立たぬ動物が「文明時代における真理の完全なる無益さ」を象徴しているように、動物には神の深遠なる意図が隠されていると考え、動物の中に秘められた情念図表の解読を勧めている。

進化した動物たちはみずから＜鴨ネギ＞状態になって人間に食べられにやって来る（『UN AUTRE MONDE』より）

＊フーリエ主義の宇宙論

フーリエによれば、ニュートンは恒星学の法則の半分しか解明していないという。それというのも、ニュートンは天体における情念引力について無知だったからである。本当は、星の群れもまた、情念引力の法則に従うので、「銀河の星群は友情の特性をあらわす。太陽をめぐる惑星群は恋愛の特性をあらわす。惑星をめぐる衛星群は父子愛の特性をあらわす。太陽または恒星の群は野心の特性をあらわす」〔『四運動の理論』〕というように、宇宙の運行も情念引力の社会運動のアナロジーによって解読可能なのである。

一例をあげれば、銀河の星群は友情に篤いので、恒星会議を開いて、地球のように危機にある惑星に対して援助を決定したりすることがある。

また、惑星はそれぞれひとつの大きな魂をもっていて、その魂はときどき、ほかの惑星に移住する。移住するのは惑星の魂ばかりではない。例えば「人類」の魂は地球に八万年住んで、その生涯を終えると、今度は地球の魂に引き連れられてほかの惑星に移住するのである。

グランヴィルは、フーリエのこうした惑星学にヒントを得て、土星の住人の魂が、北極冠の変形である鉄橋で連結された七つの衛星を自由に行き来する様子を描いた。

なおファランステールの旗は虹の七色でつくられ、星々の運行をはじめとする宇宙のす

虹の女王アイリスの羽扇。虹の７色はファランステールを象徴する
（『UN AUTRE MONDE』より）

土星の情念引力を表す図（『UN AUTRE MONDE』より）

べての情念引力の象徴となっている。

＊食べ物が降ってくる桃源郷

調和社会が出現すると、人間も進化して、魚のようにえらができて水中生活が可能になり、鳥のように羽根がはえて空中を飛ぶ能力も獲得するだろう。さらに、背丈は七フィートに伸び、最低でも百四十四歳まで生きることができるようになるだろう。

北極光の作用で海水は塩分を失ってサイダーのようになり、空からは、雨やあられの代わりに、ホオジロやヒバリやヤマウズラなどが焼鳥となって降ってくるばかりか、木の枝には、ラム酒入りのカステラやシャルロットやプチ・フールなどのケーキの実がなり、

ブリューゲルの「怠け者の天国」を彷彿とさせる人類の究極の到達点
「調和社会」（『UN AUTRE MONDE』より）

泉からはシャンペンが噴水となって溢れ出す。そのため、人間の胃も機能が高まり、一日に十二回の食事をこなすようになる。人生は長い饗宴の連続となるが、会食者たちは、蝶々のような移り気情念を育んでいるので、決して飽きるということを知らない。

グランヴィルはこれらの調和社会の様子をそのまま忠実に絵解きしている。

＊愛とSEXのフーリエ主義

ファランステールの調和社会においては、ありとあらゆる情念が解放されるから、当然、情念のうちでもいちばん強固な「恋愛情念」も全面的な解放を見ることになるが、フーリエに従えば、通常の形態における男女の性交は、「愛の平民階級」の行う「農夫のような単純で機械的な性交」として蔑まれることになる。

反対に、文明社会では非難の的になっている性的奇癖、つまり倒錯ないしは変態行為は、調和社会にあっては「愛の貴族階級」が営む崇高な行為となる。こうした変態行為は「一般に、性格の程度が高くなるに応じて、数多くなり、またより奇抜なものとなる」。〔シモーヌ・ドゥブー『愛の新世界』今村仁司訳〕SMも同性愛もフェティシズムも、何もかもが許されるばかりか、より高度の変態愛好癖が奨励される。

なかでも、フーリエがしばしば例にとりあげるのは、女の同性愛を覗き見する「女子同性愛愛好癖（サフィスム）」である。というのも、フーリエは、売春宿に出かけたときたまたま娼婦たちが同性愛にふけるのを見て、みずからの情念の所在に気づいたからである。もちろん、複数セックスも大いに励行される。それも3Pとか4Pとかいう半端な人数ではない。フーリエが勧めるのは男女三十二人の参加者からなる「愛のカドリーユ」で、参加者はカドリーユを踊るときのように、三十一人と、男女を問わず次々に乱交する。しかしながら、これは文明社会におけるオージー・パーティのような単なる肉欲の充足ではなく、ちょうどオーケストラが一人の演奏よりも大きな効果を生み出すように、より多くの調和的な快楽を得るための手段である。

ではなぜ、このように変態行為が奨励されるのか。それは、もしこうした情念が抑圧されるなら、その情念引力は必ずやその当人にとっても社会にとっても有害な要因になるが、反対に正しく育まれて発散させられるなら、個人のエネルギーや創造力の率直な表現となるからである。

そのため、調和社会においては、こうした変態や倒錯の傾向をもった人間がその情念を正しく発散できるように指導する「恋愛法廷」の司祭と女司祭が必要になる。この司祭と女司祭、人々の隠れた変態や倒錯を表面に引き出して、情念を処理するための「奇癖仲間」を見つけてやらなければならない。これには、多種多様な性的情念を併せもつ「超絶奇人」が振り当てられる。

ところで、だれしもが疑問に思うのは、男はこうした調和社会のセックスに比較的容易に順応するかもしれないが、女ははたしてこの体制を受け入れるかということである。

フーリエによれば、その点は女の性意識を徐々に解放していけばまったく問題はないという。解放の第一歩は、親が、娘を婿に高く売りつけるために、結婚まで男から隔離しておく欺瞞的な純潔体制を改め、一定年齢を超えた女性が自由にセックスできる恋愛丁年制度を設けることから始まる。すなわち、階級を問わず十八歳以下の女性は「乙女組」としてセックスを禁じられるが、十八歳という恋愛丁年に達すると「門出組」に入って自由にセックス・パートナーを見つけることができるのである。

「門出組」に入った女たちは、さらに次の三つの「恋愛団体」のいずれかに所属できる。

①「妻団体」これは文明の方式どおり、一生にひとりの男しかもてない。

②「姫君または半奥方団体」これは相手を変えることができる。ただし、一時にひとりで、複数の男を同時にもつことは許されない。別れるときには規則に従う。

③「艶女団体」これは規則はほとんどなく、自由に何人でも男をもつことができる。

このそれぞれの団体にはさらに、下分類として、例えば「妻団体」には、「A貞淑な、B疑わしい、C不貞な」というような三段階が設けられる。

女たちは、この団体のどれに所属してもいいし、また自由に所属団体を変えることができる。この制度のメリットは一夫一婦制度を崩壊させる点にある。というのも夫婦というのは、利己主義を増長させる元凶だからである。

すなわち夫婦者の類はつねにもっとも狡猾で、世間あるいは個人の幸福にたいしてもっと無関心である。〔『四運動の理論』〕

したがって、調和社会では夫婦という単位は消滅し、女も男も、文明社会の結婚相談所に似た「恋愛情念取引所」で、自由に自分の性的傾向に合った相手と出会うことができるようになるだろう。

最良の国民とは、必ずや最高の自由を女に与えている国民である。〔……〕女の特権の伸張はあらゆる社会的進歩の一般原則である。〔前掲書〕

ならば、現在、女があらゆる性的自由に身を任せている日本は最も進歩した国民か？しかり、フーリエはこう答えている。

野蛮人のうちもっとも勤勉かつ勇敢であり、もっとも尊敬に値する日本人は、女に

対しても、もっとも嫉妬心がなくもっとも寛大である。〔前掲書〕

＊フーリエ主義のシステムとは

フーリエの宇宙論においては、「太陽をめぐる惑星群は恋愛の特性をあらわす」〔『四運動の理論』〕。例えば、地球のような惑星においては、「すべての創造は、男性である北極液と女性である南極液との交接によって行われる。〔……〕というのは、惑星も植物と同様、一個体内に両性を具有しているからである」〔前掲書〕。

北極光は惑星の発情の兆候であるが、人類がその準備をしなければ、北極液と南極液との交接は行われず、精液の無益な放出となる。

地球は最初の交接のあと出産（創造）をしたが、そのとき腐敗熱におかされ、その熱を月に移したので、月は死んでしまった。しかし、地球が調和社会として組織されたときには、別の色をした七つの月となって蘇るだろう。

グランヴィルの絵はこの地球のセックスをおもしろおかしく描いている。ただし、北極液が下に、南極液が上になっている。

彗星の運行についても、グランヴィルの図はフーリエの理論をほぼ絵解きしている。すなわち、木星ほどに大きい彗星が太陽と木星の間に割り込んでくるとき、地球やほかの惑星はこの一大誘引的世界の接近に逆らうことはできず、この彗星の衛星となる。

恋愛団体。フーリエの性愛論はあまりの過激さに恐れをなした弟子たちによって公表を見送られてきた（『UN AUTRE MONDE』より）

新たな創造をもたらす彗星の登場（『UN AUTRE MONDE』より）

地球のセックスというフーリエの宇宙論の絵解き。男性である北極液の表情がユーモラス（『UN AUTRE MONDE』より）

闖入者は金星、火星、地球その他、太陽と木星のあいだにあるすべての天体をわがものにするだろう。これら七つか八つの衛星で一組の光り輝く従者の列を構成し、土星のよう二重の赤道環や、あるいは両極を飾る二重の冠をつくるだろう。この二重の装身具は、そこの住民が結合秩序を結成したとき、七つの月をもつすべての惑星に与えられるものなのである。〔前掲書〕

地球はどうなるのかといえば、月になってしまってもなんの心配もいらない。なぜならば、この彗星の闖入は、新たな創造をもたらし、文明と野蛮状態の瓦解を余儀なくさせるからである。

＊ファランステールの原型、パサージュ

フーリエはパサージュの雛型であるパレ・ロワイヤルの庭園に出かけて、ファランステールの夢想にふけるのを晩年の日課とした。というのも、ファランステールは、多数の商店が宮殿の回廊に軒を並べるこのパレ・ロワイヤルから発想されたものだったからである。フーリエがパレ・ロワイヤルやパサージュのような屋根つきの建物をファランステールに選んだのは、雨風にさらされずに人々が自由に行き来できて、自由に情念を発散したり交換できるようにするためだった。

このように容易に、外気にさらされずにどこへでも行け、氷霧の時でも、泥や寒さの心配もなく、薄着で、色物の靴を履いて舞踏会や芝居に行けるということは、たいへん新しい魅力で、それだけでも、ファランステールの中で冬の一日を過ごした人は誰でも、わが国の都会や城が、不快なものだと思うことになるだろう。〔ベンヤミン『パサージュ論』に引用されたフーリエの言葉〕

自由な情念発散の場であるファランステールの原型
となったパサージュの絵。作者不詳

4 情念共産主義への道——サン＝シモンとフーリエの夢の跡

*デパートが生まれた

サン＝シモンの夢が万国博覧会であり、フーリエの夢がパサージュであるとすれば、万国博覧会とパサージュがひとつになったデパートは、まさにサン＝シモンとフーリエの夢が二重映しされたユートピアにほかならない。実際、天才商人ブシコーによって発明されたこのデパートは、その成り立ちからみても、またその結果においても、サン＝シモンとフーリエの夢の地上的な実現であった。

例えば、ブシコーが「入店自由、正札販売、返品可」という「誠実第一」の商法によって築きあげたボン・マルシェ・デパートは、商業の詐欺師的側面を断罪するところから始めてファランステールにたどりついた小売商人フーリエの夢想の実体化であり、同時に、商品を競争させることによって「よりよく、より安く、より多量に」供給し、最大多数の大衆の生活水準を向上させるというサン＝シモン主義者の理想の具現化であった。

さらに、デパートは、欲望が欲望を呼んでより高度な欲望を招き寄せるという点で、サン＝シモン主義的な欲望の弁証法の装置そのものであり、また一方では、情念、とりわけ

壮麗な階段や装飾に彩られたギャルリ・ラファイエットの大ホール

女の情念が、買い物とカフェ、レストランでのおしゃべりという形で他人の情念との交換を行うという点で、フーリエ的な情念取引所でもあった。

一八五二年にパリで産声を上げたデパートは、世紀末には、パリの大衆デパート「デュフェイエル」や高級デパート「ギャルリ・ラファイエット」に典型的に見られるように鉄骨とガラスでとてつもない規模に巨大化し、ついには、まぎれもない「サン＝シモン教会の神殿」、「フーリエ主義のファランステール」となったのである。

サン＝シモンは、やがて産業が国境を破壊し、全世界的規模でユートピアが広がっていく情景を夢想し、フーリエは、ファランステールの内部で巨大なまでにふくらんだ情念引力が大爆発を起こして、「調和社会」が一気に実現する光景を幻視した。マルクス主義が破産し、世界が高度資本主義によって新たな局面に入った現在、はたして、このふたりの「空想」が、今なおマルクス、エンゲルスの「科学」よりも「空想的」だと言える者がいるのだろうか。

大衆に奉仕する世紀末の超大型デパート、デュフェイエルの大ホール

あとがき

パノラマという言葉を聞くと、ただそれだけで妖しいまでに胸騒ぎがしてくるのはなぜだろうか。おまけに、これに「館」という言葉が付いて「パノラマ館」となると、なにかもう居ても立ってもいられないような焦燥感に駆られはじめる。

といっても、実際の記憶をたどってみると、子供のときに、一度か二度、それも、ひどく貧弱で薄汚いパノラマを見た覚えしかない。

一度は、幼稚園の遠足で横須賀に行ったとき、軍艦「三笠」の中で、東郷元帥率いる連合艦隊とバルチック艦隊との日本海海戦のパノラマを見た記憶である。海の色が、毎日、家の前で眺めている本物の海とはずいぶんちがっているなと感じたのを覚えている。

もう一つは、これも小学校のときに東横線の「多摩川園」で見たパノラマの記憶である。描かれていた絵が何だったのかはどうしても思い出せない。ただ、そのドロ絵の具で描かれた風景の「黄色」がやけに汚らしく、気持ち悪かったのだけがなまなましく印象に残っている。

こうしたことから判断するかぎり、現実の人生においては、「パノラマ」も「パノラマ館」も好ましい記憶と結びついているはずはないのだが、なぜか、この「パノラマ」「パノラマ館」という言葉だけは、そうした貧相な現実とは切り離されて、輝かしくも懐かしい「異界」を垣間見せてくれるトポスとして幻想の中にぽっかりと浮かんでいる。それは、自分の実人生の中には、どこをどう探しても見つからないはずであるのに、どこかで確かに見たような、妙に懐かしく、そして、ちょっぴり怖いなにものかを連想させずにはおかない言葉である。江戸川乱歩の『パノラマ島奇談』というタイトルが魅力的なのは、こうしたニュアンスをうまく生かしているからなのだろう。

ところで、今の私にとって、この「パノラマ」「パノラマ館」という言葉の印象に一番ちかいものはなにかといったら、それは断然、古いパリの絵葉書ということになる。世紀末やベル・エポックに撮られたセピア色の写真の絵葉書を眺めていると、「パノラマ」「パノラマ館」という言葉によって喚起される情動とよく似た何かが心の中に湧きでてくる。子供時代の自分にはもちろん、親も祖父母もいっさい世紀末のパリなどに関係なかったはずなのに、心に溢れでてくるこの懐かしさはいったい何なのだ。東洋の島国の、それもパリともフランスともまったく無縁な環境で育ったはずの人間が感じるこのノスタルジーはいったいどこからくるのか。もし、本当に「異界」というものがあるならば、古いパリの絵葉書は、「パノラマ」「パノラマ館」という言葉と同じように、あの「なにものか」に通じているものにちがいない。

このノスタルジーの淵源を突き止めたいなどと贅沢なことはいわない。せめて、古いパリの絵葉書を見つめているときに、どこからか蘇ってくるこの不思議な情動を、なにがしかの言葉に定着できないものか。パリの絵葉書から立ち現れてくるイメージと、「パノラマ」「パノラマ館」という言葉の呼び起こす心の動きが二重重ねになったとき、すばやくシャッターを押すというようなことができたら、それは、もしかすると、ノスタルジーというこの不可思議な現象を少しでも解明できるのではないか。

そんなことを漠然と考えているとき、多少の時期のずれはあったが、偶然に、何カ所かからよく似たテーマの原稿の依頼を受けた。

＊

ひとつは、共同通信の清水正夫氏からのもので、世紀末のフランスに登場した様々な事物や風俗についての写真や版画を五十枚選び、これを原稿用紙二枚半の枠で論じながら一年間五十回に亙って地方紙に連載をしないかという誘いである。できるなら、連載を通じて、従来の世紀末観、ベル・エポック観とは多少位相を異にする、「もう一つのパリ一九〇〇年」のイメージを生み出すように工夫してほしいという企画意図だった。これは、私が考えていたプランに近いので、二つ返事で引き受けた。

次に依頼されたのは、日本経済新聞の文化面のために、「パリの橋」を描いた絵画を十枚選び、セーヌを中心にした風景と画家についての短いコメントをつけるという短期連載だった。やってみると、セーヌを中心にして発達したパリという都市の本質を知るうえで「橋の絵」が大変役立つことがわかった。

それからしばらくして、『マリ・クレール』の井上明久編集長から、失われてしまったパリのモニュメントや建物の古い写真と、現在同じ場所でとった写真を二つ並べて、何が失われ、何が生まれたのかを論じるとともに、その場所の地霊（ゲニウス・ロキ）について語るような特集を組みたいが、手伝ってもらえないかという相談を受けた。井上氏と討議した結果、いきなり「失われたパリ」のモニュメントや建物の話をしても、パリの改造にいたる経緯を知らない読者にはなじみが薄いので、その前にイントロとして、パリ改造を断行したナポレオン三世とオスマン知事の意図について解説を加える形で、パリの変貌を語ることにした。

最後に、角川書店の古里学氏から、荒俣宏氏責任編集のムック形式の単行本「ワンダーX」シリーズの第四弾として「共産主義」を出すので、「サン゠シモン主義とフーリエ主義」について何か書いてくれと頼まれた。これは、従来の私のフィールドとは多少ジャンルを異にするテーマだったが、言葉よりイメージを重視して、十九世紀当時の写真や絵でこの二つのユートピア社会主義を再構成するという編集方針が興味深く、また、私も十九世紀のパリの都市構造とのかかわりでこれらのユートピア思想を眺めることができればと考えたので、ＯＫを出した。

このように、それぞれテーマこそ異なっているが、いずれも、十九世紀のパリを核として、その様々な側面を示すイメージをパノラマ風に並べることで、それから、ある種の統一的印象を生み出すという企画だったので、すこし工夫をすれば、これは、先にあげたような、古いパリの絵葉書と「パノラマ」という言葉が喚起するノスタルジーの問題についての一つの解答となるのではないかと考えた。

すなわち、まず第1部で世紀末の事物や風俗をパノラマ風に紹介したあと、第2部でパリの心臓である橋の来歴について語り、第3部で、世紀末の変貌が生まれてくる必然をオスマンのパリ改造にさかのぼって論じ、最後に、十九世紀の思想家がパリという都市をどのような幻想的観点から眺め、パリをユートピアとしてどう作り変えようと意図していたかを考察するなら、一冊の本として読者がこれを読む場合でも、世紀末のパリについてのまとまったイメージを手にすることができるのではと思ったのである。

構成的には、世紀末風俗から始めて、徐々に時間軸を遡行して、都市の思想まで行くような仕組みになっているが、それは、ノスタルジーというものの本質から鑑《かんが》みて、このようなレトロスペクティヴな構成のほうが、より興味深い形で読者を幻想のパリの「パノラマ館」へお誘いできると結論したためである。それぞれの絵葉書や版画は、それ自体でもすでに多くのことを我々に語りかけてくるが、こうしてパノラマ風にまとめられてみると、その総体から、「異界」に属する「なにものか」が浮かび上がってくるような気がするのだが、いかがなものだろうか。

＊

一冊の本に編集するにあたっては、角川春樹事務所の小山晃一氏と原知子氏に多大なご尽力をいただいた。御二人は日本文芸社にいらした頃から私の仕事に注目されて、世紀末のパリについての本を書くようにと強く勧めてくださったが、今回、こうした形でエッセイを一冊にまとめることができ、なんとか御二人の御希望にも副えたのではないかと思っている。あらためて、感謝の意を表したい。同時に、連載時にお世話いただいたそれぞれの編集者の方々にも心よりのお礼を申し上げたい。

一九九六年二月五日

鹿島　茂

文庫版あとがき

早いもので、二十世紀の「世紀末」もあと何日かで終了するところまで来てしまった。この本のもとになる記事を書いたのは一九九三年から九五年にかけてで、そのときにはまだ、「世紀末」はいくらか残っていたから、いったい、今度の「世紀末」はどんなものになるのか興味があった。しかし、いざなってみると、さして変わり映えのする日常ではないようである。

だが、一世紀後に、今日の世紀末を振り返ったらどうなるのか、案外、未来の歴史学者は、二十一世紀を予言するような現象がすでにたくさん現れてきていたと指摘するのかもわからない。

それはともかく、世紀末という言葉にはある種の「煮詰まり感」といったものがある。つまり、世紀が一〇〇年かけてやったことが凝縮したかたちでさまざまな分野に現れて、もはやこれ以上はない、といった印象を与えること、それが「煮詰まり感」である。

だが、その「煮詰まり感」というものには、これ以上の進歩は望めないという事実のほかに、もう一方で、もしなにかがあるのだとしたら、それは、まったく新しいものが生じるほかないという期待が同時に含まれる。つまり、古いものは常に新しいものをそのうちに含むということだ。

こうした観点から、十九世紀パリのさまざまな現象をパノラマ的に眺めてみたのが本書である。たとえば、十九世紀の総決算としての一九〇〇年万博。そのバロック的な装飾過剰は行き着くところまで行ってしまったが、しかし、そのバロック美学は、これ以上の装飾性は無理だという点で、次の時代の美学の到来を予想させた。同じく、究極のところまで進化した馬車は、その進歩の停止ゆえに、次世代の乗り物たる自動車登場の必然性を感じさせる。

したがって、もし、今、一〇〇年後の観点を導入して、二十世紀末のパノラマ館をつくるとしたら、案外、「煮詰まり感」の出ている停滞分野を取り上げたほうがいいのかもしれない。ほかならぬ、「本」という表現形式も、そのうちの一つに入るだろう。

文庫化に当たっては、中央公論新社の深田浩之氏にお世話いただいた。この場を借りてお礼の言葉を申しあげたい。また素晴らしい解説をいただいた竹宮惠子氏にも、心よりの感謝を捧げたい。

二〇〇〇年十一月三十日　五一回目の誕生日に

鹿島　茂

初出一覧

世紀末パノラマ館　共同通信配信一九九三年十二月二十二日～九四年十二月七日
橋上のユートピア　「日本経済新聞」一九九四年五月三十一日～六月十六日号
失われたパリを求めて　「マリ・クレール」一九九五年四月号
快楽の共産主義　角川書店刊・荒俣宏責任編集『20世紀の妖怪の正体』一九九五年二月

「あの」パリの時間へ

――知識をつなぐ神経細胞《ニューロン》の本――

竹宮惠子

パリに関する資料本ほど、種類と量の多いものはない。また、パリほど「絵」になり易い街も他にない。下町の、ごくありふれた交差点のマンホールから、ホテル・リッツの豪華なたたずまいまで、あらゆるところに独特の香りがあって、そのそれぞれは、幾人もの書き手が幾多のアプローチをしても、書き尽くすことができない程の細かいひだと深さを持っている。その中でもヴィクトリア時代から十九世紀末、そして二十世紀の幕開けへと至る時期のパリは、今なおヨーロッパ文化を花開かせた最も輝かしい都市として、変わらぬ光を放ち続けているのだ。

二十世紀という世紀を広い視野から見ると、「アメリカの時代」だったと言うことができると思う。同じ視野から十九世紀を見るとき、大きく「イギリス」が前半、「フランス」を後半に位置づけることになる。中世ヨーロッパはまさに、イギリスが目立っていた。それが後半世紀には、ルイ王朝が華々しくその勢力を誇示し、次には最初の民衆政権を興して二十世紀の新しい世界へと導く先鋒の国となってゆくのである。中世の澱みが、流れの糸口をみつけて、急流となって新しい大きな海へと流れくだる――。その流れの途中では、岩をうがち、山を削り、洲を造って流域を形成する。小さな数々の名物現象を育て、水際に色とりどりの文化の花を咲かせ、独特の環境を造りあげて、価値観までをも変化させ、政治の形態や、戦争のあり方さえ、塗り変えてしまうのだ。そのさまを、ありありと、十九世紀末のパリは見せてくれる。

『パリ・世紀末パノラマ館』は、その見事なタイトルと共に、広大なパリ文化の流域を一望させてくれる貴重かつ豊かな、そして大変に趣のある資料である。「資料」などという言い方は、あるいは失礼なのかもしれないけれども、創作的にシチュエーションをつくる職業にある私にとって、それはもう、貴重な宝石の原石なのである。この本はまた、その上に、鑑賞するにふさわしい輝きと形を持った原石なのだ。読んで、調べて楽しく、十九世紀末の人々の生活ぶりが、目の前に幻想となって、たちまち立ち現れるような資料。こういう風に言えば解っていただけるだろうか。図版は、写真もあれば、この時代に熟した技術をあますところなく発揮する銅版画もあり、こちらは、写真以上の臨場感と想像喚起の力を示してくれる。当時、カメラの性能はスナップや風景点描に向いていたとは、とても言えない。撮影条件は非常に厳しく、感光時間も長かったのだ。そのため、今でいう写真誌のような媒体は、ほぼ銅版画に頼っていたのである。この道の技術者は、まさに需要と供給の蜜月時代に巻き込まれながら、幸福に円熟していったのであろうと思う。遠距離の撮影ができないカメラに代わって、細部までくっきりと克明に再現された風景画が、

「旅行時代」の絵ハガキをつくった。故に、写真ではとても感じられない細部までの生活感を、それらの線画は感じさせてくれる。

この本の著者・鹿島茂氏の本に出会ったのは『馬車が買いたい！』が最初だった。今では知らぬ人はいない世界のブランド、フランスのエルメス社から社史を漫画で描いてほしい、との依頼を受け、さあ、その資料を！　と求めたときのことである。資料は、フランス近代史に始まり、ファッション史、建築史、産業革命史、絵画・芸術史、意匠について……と、あらゆる方面に広がっていった。時間さえあれば、それぞれどの分野も、もっと識りたいという気にさせられて幸福な苦労ではあったが、唯一困ったのが、それらのひとつひとつを繋《つな》いでくれる触媒のような「生活史」があまり見当たらないことだった。そんな中、編集の方が集めてくださった資料の中に、また別の一山を形成する「馬車の歴史」に関する資料があった。無論、もともとは馬具商であったエルメス社なのであるから、いずれのこと必要になるものとして用意されていた。しかし、それは当然、絵を描くときにひもとけばいいと、横に置かれたままになっていた。各分野の近代史をあれこれつめこみ、頭の中がフランスで一杯、しかしそのひとつひとつは繋がらないまま、脳の中にポツポツと浮かんでいる。この状態では、辞書と同じだ。早々に神経細胞《ニューロン》で繋がないと、全く「話」にならない。小説家言うところの「話が流れ出す」段階へ行けないのである。

資料の山の中から『馬車が買いたい！』を発見したとき、何故これが、この山の中に？

という疑問が最初に来た。もしも自分が資料の区分けをしたのなら、おそらく一番最初に読んだかもしれなかった。それほどに、私にとって興味深い視点でその本は書かれていたのだ。世紀末のヨーロッパを描く機会が多かった私は、以前からもファッションやインテリアには詳しかったが、映画の中で数々見た馬車のそれぞれが、台車の上（ボックス部分）だけを取り替えられるのだとは全く知らなかった。「なぜ馬車も着替えないの？」と言える程に、馬車文化は熟していたのだ！　今になって、こんなことを知るなんて。私は自分の描いてきた世界を、思わず検証したい気持ちになったが、いやいや、今は次の仕事だと思い返して元の思考へと戻っていった。すると、どうだろう、今度はするすると、総ての知識が繋がっていくではないか。鹿島氏の文は、不思議なリアリティ（リアルでなく）があって、「見て来たようなウソ」を感じることができる。チュイルリで散歩する「ハイ・ライフ」の人々が、今、銀座を流す「通人」たちと全く同じ感覚で捉えられる程に、実感が持てるわけなのだ。何と、この小さな本がキー・ポイントだったとは！

『パリ・世紀末パノラマ館』も、もちろん同じ性質を持っている。ここではリアルな例として、『馬車が買いたい！』を示したけれども、『…パノラマ館』は、そのタイトルどおり、めくるめくパリの変化、花開く流行をテレビジョンで見るかのごとくに、頭の中で動く映像につくり変えて見せてくれる。また他の本では、十九世紀末の女性たちが何を基準に服選びをし、パーティーへ出かけるか知ることができる。他のどんな資料も、ふつうはその題材についてしか語らない。しかし、鹿島氏の本は、一般の人々の目線の高さで、現代の人々と変わらぬ思考をする十九世紀末の人間を見せてくれるのである。その想像力は、小説家や映画監督と同じ質のものであり、きめ細やかな構築は「時代考証」といったものを遥かに超えている。

氏はまた教鞭をとっておられると聞く。教えている学生にレポートを求めて、「十九世紀末のパリへ○日間○○フランの金額で留学して来なさい」と言われたそうだ。なんと素晴らしい課題だろうか。思わず私はそれを漫画でレポートしたくなった。……ことほどさように、この本は私たち読者の想像を喚起する力を、その内に持っているのだ。

『パリ・世紀末パノラマ館　エッフェル塔からチョコレートまで』
一九九六年四月　角川春樹事務所刊

中公文庫

パリ・世《せい》紀《き》末《まつ》パノラマ館《かん》
——エッフェル塔《とう》からチョコレートまで

2000年12月20日　初版発行
2015年4月10日　4刷発行

著　者　鹿《か》島《しま》　茂《しげる》

発行者　大橋　善光

発行所　中央公論新社
〒104-8320　東京都中央区京橋2-8-7
電話　販売 03-3563-1431　編集 03-3563-2039
URL http://www.chuko.co.jp/

印　刷　三晃印刷
製　本　小泉製本

Published by CHUOKORON-SHINSHA, INC.
Printed in Japan　ISBN4-12-203758-1 C1122

中公文庫既刊より

各書目の下段の数字はISBNコードです。978－4－12が省略してあります。

か-56-1
パリ時間旅行
鹿島　茂
オスマン改造以前、19世紀パリの原風景へと誘うエッセイ集。ボードレール、プルーストの時代のパリが鮮やかに甦る。図版多数収載。〈解説〉小川洋子
203459-4

か-56-2
明日は舞踏会
鹿島　茂
19世紀パリ、乙女たちの憧れは華やかな舞踏会！　フロベール、バルザックなどの作品を題材に、当時の女性の夢と現実を活写する。〈解説〉岸本葉子
203618-5

か-56-4
パリ五段活用　時間の迷宮都市を歩く
鹿島　茂
マリ・アントワネット、バルザック、プルースト――パリには多くの記憶が眠る。食べる、歩くなど八つのテーマでパリを読み解く知的ガイド。〈解説〉にむらじゅんこ
204192-9

か-56-5
衝動買い日記
鹿島　茂
「えいっ！買った」。腹筋マシーン、猫の家から挿絵本まで全24アイテム……ムッシュウ・カシマの衝動買い顚末記。巻末に結果報告を付す。〈解説〉百瀬博教
204366-4

か-56-7
社長のためのマキアヴェリ入門
鹿島　茂
マキアヴェリの『君主論』の「君主」を「社長」と読み替えると超実践的なビジネス書になる！　現代の君主＝社長を支える実践的な知恵を引き出す。〈解説〉中條高徳
204738-9

か-56-8
クロワッサンとベレー帽　ふらんすモノ語り
鹿島　茂
「上等舶来」という言葉には外国への憧れが込められている。シロップ、コック帽などの舶来品のルーツを探るコラム、パリに関するエッセイを収録。〈解説〉俵　万智
204927-7

か-56-9
文学的パリガイド
鹿島　茂
24の観光地と24人の文学者を結ぶことで、パリの文学的トポグラフィが浮かび上がる。新しいパリが見つかる、鹿島流パリの歩き方。〈解説〉雨宮塔子
205182-9

か-56-10
パリの秘密
鹿島　茂

エッフェル塔、モンマルトルの丘から名もなき通りの片隅まで……時を経てなお、パリに満ちる秘密の香り。夢の名残を追って現代と過去を行き来する、瀟洒なエッセイ集。

205297-0

か-56-11
パリの異邦人
鹿島　茂

訪れる人に新しい生命を与え、人生を変えてしまう街――パリ。リルケ、ヘミングウェイ、オーウェルら、触媒都市・パリに魅せられた異邦人たちの肖像。

205483-7

か-56-12
昭和怪優伝　帰ってきた昭和脇役名画館
鹿島　茂

荒木一郎、岸田森、川地民夫、成田三樹夫……。今なお眼に焼き付いて離れない昭和の怪優十二人を、映画狂・鹿島茂が語り尽くす！　全邦画ファン、刮目せよ！

205850-7

う-17-6
アール・ヌーボーの世界　モダン・アートの源泉
海野　弘

十九世紀末から二十世紀初頭、一世を風靡した美術様式は、汎ヨーロッパ的な美学運動となる。芸術運動を越えた時代精神を現代の視点から捉えた労作。

204152-3

こ-30-1
奇食珍食
小泉武夫

蚊の目玉のスープ、カミキリムシの幼虫、ヒルのソーセージ、昆虫も爬虫類・両生類も紙も灰も食べつくす、世界各地の珍奇でしかも理にかなった食の生態。

202088-7

こ-30-3
酒《しゅ》肴《こう》奇《き》譚《たん》　語部《かたりべ》醸児《じょうじ》之《の》酒肴譚《しゅこうたん》
小泉武夫

酒の申し子「諸白醸児」を名乗る醸造学の第一人者で、東京農大の痛快教授が〝語部〟となって繰りひろげる酒にまつわる正真正銘の、とっておき珍談奇談。

202968-2

や-19-15
茶の間の正義
山本夏彦

世間で正義とされているもの、それはうさんくさい「茶の間の正義」であり、下等な嫉妬心の産物である。軽妙にして気骨隆々の初期作品集。〈解説〉山崎陽子

204248-3

や-19-16
毒言独語
山本夏彦

問答無用のこともある、「平和なときの平和論」など、著者一流、絶妙の毒舌がかけめぐる。「たった一人のキャンペーン」を併収。〈解説〉石井英夫

204262-9

各書目の下段の数字はISBNコードです。978－4－12が省略してあります。

や-19-17
編集兼発行人　山本夏彦
習慣重んずべし――疑うには思慮と分別が要る。人生は短く本は多い。一読、思慮と分別のあり方を悟る。渋くて辛い、そしておかしい本。〈解説〉岡田紘史
204275-9

た-33-9
食客旅行　玉村豊男
香港の妖しい衛生鍋、激辛トムヤムクンの至福、干しダコとエーゲ海の黄昏など、旅の楽しみイコール食の愉しみだと喝破する著者の世界食べ歩き紀行。
202689-6

た-33-11
パリのカフェをつくった人々　玉村豊男
芸術の都パリに欠かせない役割をはたし、フランス文化の一面を象徴するカフェ、ブラッスリー。その発生を克明に取材した軽食文化のルーツ。カラー版
202916-3

た-33-15
男子厨房学《メンズ・クッキング》入門　玉村豊男
「料理は愛情ではない、技術である」「食べることの経験はつくることに役立たないが、つくることの経験は食べることに役立つ」超初心者向け料理入門書。
203521-8

た-33-16
晴耕雨読ときどきワイン　玉村豊男
著者の軽井沢移住後数年から、ヴィラデスト農園に至る軽井沢、御代田時代（一九八八～九三年）を綴る。題名のライフスタイルが理想と言うが……。
203560-7

た-33-18
東欧・旅の雑学ノート　腹立ちてやがて哀しき社会主義　玉村豊男
東西ドイツを隔てるベルリンの壁がまだあった頃、リュックサック一つの気ままな単独旅行を試みた著者が、日々現地で書き継いだ東欧見聞記。
203701-4

た-33-19
パンとワインとおしゃべりと　玉村豊男
大のパン好きの著者がフランス留学時代や旅先で出会ったさまざまなパンやワインと、それにまつわる愉快なエピソードをちりばめたおいしいエッセイ集。
203978-0

た-33-20
健全なる美食　玉村豊男
二十数年にわたり、料理を自ら作り続けている著者が、客へのもてなし料理の中から自慢のレシピを紹介。食文化のエッセンスのつまったグルメな一冊。カラー版
204123-3